事業者必携

◆フードビジネスのための◆

最新 飲食業の法律問題と実務マニュアル

行政書士
服部 真和 監修

三修社

本書に関するお問い合わせについて
　本書の内容に関するお問い合わせは、お手数ですが、小社あてに郵便・ファックス・メールでお願いします。お電話でのお問い合わせはお受けしておりません。内容によっては、ご質問をお受けしてから回答をご送付するまでに1週間から2週間程度を要する場合があります。
　なお、個別の案件についてのご相談や監修者紹介の可否については回答をさせていただくことができません。あらかじめご了承ください。

はじめに

　飲食店営業においては、料理や接客に関する知識が重要なのはもちろんですが、経営や法律に関する知識が不足しているために事業を廃止しなければならないケースも多く存在します。

　特に、飲食店営業で課題となりやすい事柄は、資金繰りに関するもの以外にも、食品衛生や広告表示に関すること、従業員の労働環境に関すること、店舗に関する契約、建築、消防に関することなど、法律に関わる事柄が大きなウエイトを占めています。

　日々忙しく営業する中で、これらの対応を怠ってしまい、後々大きなトラブルとして表出し、最悪のケースとして事業継続が不可能となってしまった事案もニュースなどで一度は目にしたことがあるのではないでしょうか。

　本書は、飲食店の店長や飲食業の事務担当者が事知っておくべき法律問題を以下のように、網羅的に解説しています。

第1章　開業前に知っておくこと

　飲食店では、火を使って調理を行うのが通常ですから、消防法やその他の建築基準法の規制があることを知っておかなければなりません。

　また、自身の店舗に価値が生じブランド化する場合や、逆に他店のブランドを活用したフランチャイズ契約することもあるため、商標についても頭の片隅に入れておく必要があります。

第2章　食品衛生の基礎知識

　飲食店経営でもっとも注意すべきは調理上の問題です。食中毒のニュースを耳にしたことがある人も多いかと思いますが、万が一にも死亡事故が発生すると長期の営業停止や多大な損害賠償も十分考えられます。

　厚生労働省の各種基準などもふまえて食材や器具の取扱いに注意しなければなりません。

第3章　許認可の法律知識

　そもそも、飲食店は無許可では営業できません。食品衛生法の飲食店営業許可が必要です。さらに、バーや料亭などを経営する場合、風俗営業法に基づく許可が必要になることもあります。

また、風俗営業法上では「特定遊興飲食店営業」の新設など、近時規制の見直しが行われているのであわせて知っておくとよいでしょう。

第4章　従業員を雇った場合の法律知識

店主1人だけで切り盛りするといった飲食店もありますが、一定の規模になれば、スタッフを雇用するのが通常でしょう。会社（事業主）とスタッフとの間には雇用関係が生じます。最近はブラック企業という言葉もある程度定着しており、違法なサービス産業などが常態化すると労働基準監督署の調査が入ることもあります。労働基準法はじめ各種の労働ルールを守って雇用管理をしなければなりません。

なお、本章では、個人飲食店だけでなく飲食業を展開する会社が人を雇用する場合も含めて解説しています。

第5章　店舗契約や施設管理の法律問題

ビルのテナントとして店舗を借りるような場合、賃料の支払いが必要です。敷金・権利金の支払金額・返還額、契約更新と立退きなど賃貸借をめぐってトラブルになることもありますから、民法や借地借家法をはじめ、関係法令、これらにまつわる判例などの基本事項を知っておくとよいでしょう。

第6章　表示・広告・クレームその他の問題

料理のメニューや食品の記載について不当な表示を行うとお客様とトラブルになりかねません。そういった観点から景品表示法や食品表示法、各種ガイドラインで規制が行われています。

また、お土産の通信販売などを行う場合には特定商取引法の広告事項の規制にも注意が必要です。その他、本章ではスタッフのミスによる事故やクレジットカード、障害者の入店拒否など飲食店営業と関係する各種法律問題を取り上げました。

本書をご活用いただき、飲食店事業の立ち上げや経営のより一層の発展に役立てていただければ監修者として幸いです。

監修者　行政書士　服部 真和

Contents

はじめに

第1章　開業前に知っておくこと

1　開業・新店舗出店の際にはどんなことを検討するのか	10
2　資金調達について知っておこう	14
3　設備や内装の法律について知っておこう	20
4　建築上の制限がある地域もある	24
5　建築確認申請が必要な場合について知っておこう	28
6　消防法で求められる規制について知っておこう	30
書　式　防火対象物使用開始届出書	34
7　商標について知っておこう	36
8　フランチャイズについて知っておこう	41

第2章　食品衛生の基礎知識

1　食中毒を予防するための調理の際の基本を確認しておこう	46
2　検便について知っておこう	48
3　日常の感染症予防とおう吐などの処置について知っておこう	50
4　食中毒についてのクレームへの対処法を知っておこう	53
5　生肉の提供について知っておこう	55

第3章　許認可の法律知識

1　営業許可について知っておこう	60
書式1　営業許可申請書（新規）	64
書式2　営業設備の大要	65
書式3　営業設備の配置図	66

2	営業設備の基準について知っておこう	67
3	食品衛生法と食品衛生責任者について知っておこう	70
4	風俗営業の許可が必要になる場合もある	72
5	申請事項の変更をする場合の手続きは必要なのか	78
	書式4　営業許可申請事項変更届	80

第4章　従業員を雇った場合の法律知識

1	人材募集の手段や注意点について知っておこう	82
2	募集時にはどんなことに気をつければよいのか	85
3	採用時にどんなことに気をつければよいのか	87
4	試用期間について知っておこう	89
5	労基法上の管理監督者について知っておこう	91
6	労働時間や休憩・休日のルールはどうなっているのか	93
7	変形労働時間について知っておこう	95
8	残業不払い問題と労働時間の管理について知っておこう	98
9	固定残業制について知っておこう	100
10	有給休暇の法律問題について知っておこう	102
11	賃金・最低賃金・平均賃金について知っておこう	106
12	懲戒について知っておこう	109
13	解雇はどのように行うのか	111
14	就業規則について知っておこう	114
15	社会保険・労働保険への加入について知っておこう	116
16	従業員を採用した場合の手続きについて知っておこう	120

17	高齢者雇用について知っておこう	122
18	外国人雇用について知っておこう	124
19	パートタイマーの契約期間などのルールをおさえておこう	127
20	パートタイマーの雇止めのルールをおさえておこう	130
21	会社都合による休業について知っておこう	133
22	産休・育児休業について知っておこう	135
23	介護休業と労働時間をめぐる法律について知っておこう	138
24	休職と休職中の給与について知っておこう	140
25	従業員の健康診断やストレスチェックについて知っておこう	143
26	セクハラと企業の責任について知っておこう	146
27	パワハラの意味と責任について知っておこう	148
28	労災について知っておこう	150
29	スタッフの過労・メンタルヘルス疾患について知っておこう	153
30	労基署から監督や調査が入った場合はどうする	158
31	労働組合との交渉について知っておこう	161
32	従業員とのトラブルと解決手段について知っておこう	163

第5章 店舗契約や施設管理の法律問題

1	店舗をめぐる契約について知っておこう	166
2	賃料をめぐる法律問題をおさえておこう	170
3	賃料の他にどんな金銭を支払うのか知っておこう	174
4	立退料について知っておこう	179
5	賃貸人をめぐる法律問題をおさえておこう	181

6　駐車場をめぐる法律問題をおさえておこう　　　　　　　　186
　7　騒音や悪臭についての苦情と対処法について知っておこう　189

第6章　表示・広告・クレームその他の問題

　1　景品や表示の規制について知っておこう　　　　　　　　　192
　2　クーポンについて知っておこう　　　　　　　　　　　　　194
　3　メニュー・料理の表示ではどんなことに注意すればよいのか　196
　4　食品表示法について知っておこう　　　　　　　　　　　　198
　5　栄養成分やアレルギーの表示について知っておこう　　　　202
　6　トレーサビリティ法について知っておこう　　　　　　　　205
　7　通信販売をめぐる法律問題をおさえておこう　　　　　　　209
　　　　書　式　特定商取引法に基づく表示　　　　　　　　　213
　8　お客様から賠償請求された場合の対処法について知っておこう　214
　9　異物混入について知っておこう　　　　　　　　　　　　　219
　10　クレジットカードをめぐる法律問題をおさえておこう　　　221
　11　予約とキャンセルについて知っておこう　　　　　　　　　225
　12　障害をもったお客様への対応はどうすればよいのか　　　　227
　13　サービス料の請求について知っておこう　　　　　　　　　229
　14　受動喫煙をめぐる問題について知っておこう　　　　　　　231
　15　飲酒運転への対策について知っておこう　　　　　　　　　233
　16　暴力団への対策について知っておこう　　　　　　　　　　235

第 1 章

開業前に知っておくこと

1 開業・新店舗出店の際にはどんなことを検討するのか

計画は緻密に、効率のよい実施が重要となる

■■ 開業のスケジュールを立てる

　飲食店を始めるときの検討事項について見ていきましょう。飲食業の事業者が新しい店舗を出店するときも基本的に同様の事項を検討します。

　まずは、**タイムスケジュール**を作成します。タイムスケジュールは、基本的に開業したい日よりさかのぼって組み立てます。開業までの期間が短すぎると準備不足となり、長すぎるとそれに比例して費用がかかるため、期間の算定作業は非常に重要です。

　また、開業までの期間の自分の置かれた立場の把握も大切です。勤めながら準備をするのか、退職してから準備するのかによって、スケジュールの組み方が全く異なるためです。

　スケジュール作成の際に行う作業は、重要度または難易度の高い順に組み立てます。一言でいえば、優先順位の高いものから片づけていくようにします。開業には時間と費用がかかるため、できるだけ短時間・低コストを心がけ、効率的にスケジュールを立てましょう。

■■ 事務所や店舗を決定する

　タイムスケジュールを決めたら、いよいよ経営の拠点となる事務所の決定を行います。決定のポイントは、事務所を何のために設けるかという点です。顧客の応接場所にする場合は、それなりのスペースや印象が大切です。単に連絡や打ち合せの拠点とする場合は、相応のスペースでよいでしょう。なお、店舗で間に合う場合には事務所は必要ありません。

次に、売上の拠点となる店舗を決定します。考慮すべき店舗の立地条件については、徹底的に事前調査をしておく必要があります。

　調査のポイントとしては、次の内容が挙げられます。

① 　地域性（住宅地域・商業地域・工業地域）
② 　住民層（年齢層・所得層・学生街）
③ 　交通量（道路に沿っているか・最寄りの駅の乗降客数・急行や快速の通過駅か・交通量・駅からの距離）
④ 　立地条件（角地・ビル内・商店街内・アクセス利便性・競合店の有無・距離、駐車場の有無）
⑤ 　周囲の環境（観光地・公共施設・大規模な娯楽施設・名所などの存

■ タイムスケジュール

事務所・店舗を決める	立地条件は重要。徹底的に調査する
保健所で事前相談	店の図面などをもっていく
メニューを決める	最もこだわる部分 コストを考えて値段を決める
仕入業者の決定	コストも大切だが、 良品を仕入れることを忘れない
店舗の内装工事	「居抜き」を利用すれば安くすむ
備品を購入	店にあった備品をそろえる
許可申請	時間に余裕をもって申請する プロを雇うのもひとつの手
従業員・スタッフを雇う	店の規模に合わせる

＊このスケジュール表はあくまで例示です。開業スケジュールにあたっては、事前に保健所に行き、相談してください。

在・暴力団などの事務所があるか・地震や暴風雨などの災害に強いか）
⑥　将来性（区画整理予定の有無、交通機関や駅などの変更予定の有無・競合店舗出店予定の有無・道路拡張計画の有無・公共施設の建設計画の有無）

■■ 仕入先の確保や販売戦略を立てる

次に、店舗の具体的な内容を決定します。店舗で取り扱うメニューを決める際には、事前に仕入先の確保や販売戦略を立てることが重要です。できる限り低いコストで良質の仕入れをすること、優れた販売戦略を立てることは、競争を勝ち抜く上で重大なポイントになります。

■■ 設備投資をするときの注意点

店舗の具体的な内容や仕入業者を決めた後に、次は店舗の内装や備品の購入などの設備投資段階に入ります。

特に飲食業では、店舗の内装は集客のための大きなポイントです。計画の段階から、多くの予算を割り振ることにしてもよいでしょう。

また、飲食店の場合などは、前の内装を多少修理するだけで開業するケースがあり、これを**居抜き**といいます。居抜きは全く手を加えないものから、リフォームするものまでさまざまです。

居抜きは、あまり予算をかけずに大きな効果を得ることが可能な方法であるため、店舗の検討段階より不動産業者に相談しておくのも一つの方法です。

店舗のデザインについては、日頃から自分が商店街などを歩いて徹底的にリサーチします。流行店舗のデザインなどはチェックしておくべきでしょう。特に気に入った場合は、そのデザインをした内装業者やデザイナーを調査する方法も有効になります。

そして、店舗が決まって内装も完了したら、そこに置く備品をそろえることになります。飲食店などの集客が大事な業種では、備品にも

それなりの気を使う必要があり、デザインを統一させることで店舗に一体感が生まれます。

逆に、事務用品などは、予算が厳しい場合には、中古のオフィス家具で済ませたり、レンタルを使用したりしてもよいでしょう。コピー機やファックス機などは、ランニングコストを考えて、リースにするのか購入するのかを決めます。

■■ 営業許可を取得する

飲食店を開業するためには、店舗の所轄保健所に対して**飲食店営業許可申請**を行う必要があります。

申請をしてから実際に許可が下りるまでには、それなりの日数がかかります。場合によっては不備が判明し、やり直しを求められる場合があります。そのため、開業予定に間に合うような時間的余裕が必要です。申請手続きは、専門家である行政書士に代理を依頼する方法もあります。ある程度の報酬は支払う必要がありますが、申請にかける時間と労力を別の作業に向けることができるという利点があります。

また、法人（会社）形態で開業する場合には、法人を設立する作業も開業準備として必要です。名称や目的、資本金の決定、役員の選出、定款の認証を経て、登記をすることで法人が設立されます。登記申請は自分で行うことも可能ですが、司法書士に依頼する方法もあります。

■ 設備投資の対策

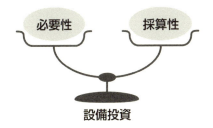

2 資金調達について知っておこう

融資を受ける際には自己資金の存在が重要となる

■■ 資金計画が重要

　事業を始める時、まず必要となるものは必要になる**資金**でしょう。

　現在は、極端な話、資本金１円からでも会社を設立することができますが、実際は登録免許税や定款認証の手数料など、会社を設立するだけでも30万円程度の費用を要するものです。また、事務所や店舗等を借りるにしても、保証金やその後の賃料など、事業活動の基盤となるものについてだけでも、さまざまな費用がかかります。

　さらに、実際に店舗を営業する場合は、事業を回すための運転資金が必要になります。飲食店であれば、提供する食品の調理に必要な食材その他の備品類、食品の調理や提供にあたる人件費やその他の経費などもかかってきます。この営業活動の過程で必要となる資金を抑えてしまうと、販売できる量や質自体も低下してしまいます。

　大きな利益を上げるためには、ある程度のボリュームの資金を投じなければそれに見合った売上にはつながりません。ここでの利益がなければ、次の営業活動のサイクルへとつなげることもできないのです。

　したがって、翌期以降も継続的に事業を行っていくことを考えると、創業時に資金を確保しておくことはとても大切なことだといえます。

■■ 開業資金と自己資金

　資金計画のスタートは**開業資金**の検討です。たとえば、開業資金には、登記など会社の設立関連で必要となる費用や事務所賃貸のための保証金、仕入にかかる費用など、事業を始める際に必要な資金があります。

そして、この開業資金うち、貯金など自らの資金によってまかなっている部分を**自己資金**といいます。自己資金には、まずは自身の貯金が挙げられます。また、親族や友人などからの出資も含まれます。これらの自己資金に共通することは、返さなくてもよいことです。

　なお、自己資金ではありませんが、後述する借入金とも性質の異なるものとして国や地方自治体から支給される補助金や助成金を活用する方法もあります。借入金と違い返済不要なため、自己資金に近い取扱いが可能です。

■ 自己資金だけでは足りない場合どこから調達するのか

　自己資金だけでは創業に必要な金額に不足するという場合は、金融機関などの第三者から借入をすることで、開業資金を確保することになります。

　自己資金以外の資金調達方法には、まずは金融機関からの借入があります。通常、金融機関が貸出を検討する場合は、会社の直近の決算状況などで財政状態や利益確保状況を調査し、判断を行います。しかし、創業時にはまだ事業を開始していないため、金融機関の判断の元となる決算書がありません。

■ 開業資金と自己資金

開業資金

➡ 事業を始めるにあたって必要となる資金

自己資金以外
➡返済が必要なお金
ex. 金融機関からの借入金など

自己資金
➡返済不要のお金
ex. 貯金、親族などからの出資

そこで、自己資金がどの程度用意されているかをチェックすることで、貸したお金が問題なく返済されるかを判断します。あまりに自己資金が少ない場合は財務基盤が弱いものと判断され、金融機関から満足な貸出額を得られない、または貸してもらえない可能性があります。

　また、自己資金の金額によっては、融資を受ける際に申請できる金額が実際に借り入れたい金額に届かないこともあります。このような場合に、創業前に既に支払った費用を自己資金に含め、実際の自己資金によるよりも大きい金額の融資を申請できる場合があります。このように、創業前に支払っているにもかかわらず自己資金に含めたものを**みなし自己資金**といいます。創業前に支払った費用としては、保証金や店舗の内装費などが挙げられます。ただし、創業前に支払った費用を何でもみなし自己資金に含めてよいわけではなく、みなし自己資金として認めてもらうためには、①該当する費用が支払われた経緯が領収書や通帳などで確認でき、また、②事業に必要となる費用であることを説明する必要があります。

■ **資金調達のいろいろ**

資金調達方法	調達先	内　容
自らの資産	自分	自らの貯金や資産など。
補助金	国、地方自治体	返済が不要な資金である。補助金等の対象となる経費が支払われてから審査が行われるため、入金まである程度の時間を要する。
出　資	株主など	株式会社であれば、株主を募り、出資してもらった資金を開業の元手とできる。こちらも返済不要の資金である。
融　資	政府系金融機関（日本政策金融公庫など）	融資を受けるには、創業計画書などに基づいた審査に通過しなければならない。補助金や助成金と異なり、返済する必要がある。
借　入	民間の金融機関、知人など	返済が必要な資金である。金融機関であれば、返済が可能かどうか厳しくチェックされる。

■■ 制度融資と公庫融資とは

　店舗を開業する場合は、社会的な信用力や実績がない状態からスタートすることになります。そのため、特に規模の小さい店舗の場合、金融機関から借入をすること自体が容易ではないケースがあります。

　そこで、まだ創業まもない中小企業を支援する制度として、制度融資と公庫融資という2つの制度があります。この制度を利用することで、店舗開業にあたっての資金調達がスムーズとなる効果があります。

・**制度融資**

　制度融資とは、都道府県や市区町村などの**地方自治体・信用保証協会・金融機関**の三者が協力して、創業したての中小企業の資金調達の円滑化を図ろうとする制度です。この三者の流れとしては、まず地方自治体が金融機関へ貸付用資金を預けます。金融機関はその資金を元手に、事業実績や信用力が低い中小企業へ貸付を行います。

　この中小企業の返済能力を含めた信用力、つまり債務保証する機関として信用保証協会は機能します。金融機関は信用保証協会の債務保証があるからこそ、まだまだ返済能力等の信用性が未知数に近い中小企業へ融資を実行するのです。

■ 制度融資と日本政策金融公庫の比較（創業融資の場合）

	制度融資	日本政策金融公庫融資
申込可能期間	事業開始後5年まで	2期目の税務申告まで
融資限度額	2500万円	3000万円
返済期間 据置期間	基本7〜10年以内	基本5〜15年以内
金利 コスト	金利：制度融資の方がやや低い ※信用保証協会への保証料の支払い有り	公庫融資の方がトータルコストは低い場合もある
自己資金の必要性	融資の対象は、自己資金に1000万円を加えた額の範囲内	総資金の10分の1を自己資金で賄う必要あり

・公庫融資

　公庫融資とは、政府系の金融機関である**日本政策金融公庫**からの融資のことです。日本政策金融公庫は、都市銀行などの民間の金融機関とは異なり、株式の100%を政府が出資している金融機関です。そして、創業当初の小さな会社へ可能な限りの融資を実行し、創業支援と国の経済発展に寄与（貢献）することを第一義としています。

　日本政策金融公庫が創業まもない会社へ行う融資には、新創業融資と呼ばれるものがあります。原則として無担保無保証ですが、融資される最高額は3000万円となります。

■ 融資を受けられない場合や推薦状が必要になる場合

　飲食店の形態によっては制度融資や公庫融資を利用できない場合もあります。

　まず、制度融資に関しては、融資を受けるための要件として挙げられているように、信用保証協会の保証対象に含まれる事業のみが融資の対象です。保証対象外にあたる事業としては、バーやスナック、ラウンジなどの遊興娯楽業などが挙げられます。

　公庫融資においても、中小企業の促進や新規開業を促すという政策目的にそぐわないため、制度融資と同様で、一部の遊興娯楽業については融資を受けることはできません。また、飲食店や社交飲食店（接待行為をする飲食店）、旅館業、理容業・美容業などは生活衛生事業と呼ばれ、これらの事業に関しては、融資を受けるための手続きで、都道府県知事の推薦書が必要になること、そして、事業規模が限定される（小規模のみ）という点に違いがあることに注意が必要です。

■ 保証人や抵当などの担保を求められる

　銀行などの金融機関が多額の融資をする場合は、相手方から確実に代金を回収できるよう、融資に際して何らかの担保をとる方法が常套

手段となっています。これは、たとえば事業の経営に失敗して借入額の返済が困難になった場合、一般債権者（担保をとっていない債権者）よりも抵当権などをもつ担保権者が優先して債権を回収できるためです。

このように事業が失敗するなどして、返済が困難になった場合のリスクを回避する手段として、**担保制度**が活用されます。なお、担保をつけられた債権（創業資金のように金銭債権であるのが通常）のことを被担保債権といいます。

■ 担保の種類にはどんなものがあるか

保証とは、いわば貸金などを担保するための制度で、債務者の資力に不安がある場合に資力がある人を保証人とすることで、債権の回収を確実にするという狙いがあります。たとえば、金を貸している債権者は、開業した債務者本人の財産に加えて債務者の家族などの第三者を保証人として、保証人の財産も引き当てることができます。

保証は、保証人という「人」の財産を担保とする制度であるため、人的担保と呼ばれています。また、保証には、保証（単純保証）と**連帯保証**があり、実務上では債権者にとって効力が強い連帯保証が設定される場合が多くあります。

■ 抵当権とはどんなものか

抵当権とは、創業資金などの借入額（債権）を担保するために、創業者（債務者）本人または第三者の土地や建物に設定される権利です。債務者が債務を返済しない場合には、抵当権者（債権者）は、抵当権設定者（債務者）の土地・建物を競売し、その売却代金から債権の回収を図ります。抵当権には、設定後も債務者が従来通りに目的物を使用や収益をあげ、そこから債務の弁済資金を得ることができるという利点があります。

3 設備や内装の法律について知っておこう

一定の規模を備える飲食店は、換気設備や内装制限に関する規定に従う必要がある

■ どんな換気設備が必要なのか

　飲食店などのように調理室でコンロなどの火を使用する設備・器具を設置している部屋は、居室でない場合でも、換気設備の技術的基準に従う**換気設備**を設置しなければなりません。その換気設備は、火を使用する設備・器具の通常の使用状態において室内の酸素の含有率を約20.5％以上に保つ換気ができるものとして国土交通大臣が認定したものか、あるいは、以下の各基準に従うものでなければなりません。

① 給気口は調理室等の天井の高さの２分の１以下の高さの位置（煙突や換気扇等を設置する場合は、適当な位置）に設けること

② 排気口は調理室等の天井または天井から下方80cm以内の高さの位置（煙突や、排気フードを有する排気筒を設ける場合は、適当な位置）に設けること

③ 排気口は、換気扇等を設けるか、排気上有効な立上り部分を有する排気筒に直結させること

④ ふろがまや、発熱量が12kw超の火を使用する設備・器具に接続して、煙突を設けること（例外として、排気フードを有する排気筒も認められています）

　その他、給気口・排気口の有効開口面積、給気筒・排気筒・煙突の有効断面積、換気扇等の有効換気量の下限値なども定められています。
　排気口や排気筒、煙突の構造は、もとの部屋に廃ガス等を逆流させず、また、他の部屋に廃ガス等を漏らさないものでなければなりません。火を使用する設備・器具の近くに設置される排気フードつきの排気筒の排気フードは、不燃材料で造られたものでなければなりません。

■ 内装の材料にも注意する

　飲食店の防火には内装材も重要な役割を果たします。屋根や外壁を不燃化して周囲の火災による延焼を防いだとしても、内装材に防火のための措置が講じられていなければ、内部から生じた火災に耐えることができません。また、火災の際に内装材が燃えることで有毒ガスが発生してしまうと、避難に支障が出てしまいます。そのため、**内装制限**の規定が設けられています。内装制限を設けて、内装材を燃えにくくする必要があるのは、フラッシュオーバーが原因の被害を食い止めるためであるといえます。フラッシュオーバーとは、室内で火災が起こった際に、可燃性のガスが部屋の上部にたまり、それが一気に引火して部屋全体が爆発するという現象のことをいいます。フラッシュオーバーが起こると部屋全体が炎に包まれてしまいます。そのため、フラッシュオーバーが起こる前に部屋から避難する必要があります。

　内装制限を受ける建築物の中に、「調理室やボイラー室など火器を使用する設備を設置している建築物」が含まれていますので、飲食店は、内装制限を受けます。建築材料は燃えにくさを基に、不燃材料、

■ 換気の種類

換気の種類	
自然換気 （有効な開口部面積は床面積の 1/20 以上）	設備による換気 （①自然換気設備　②機械換気設備 ③中央管理方式の空気調和設備）

劇場、映画館、演芸場、観覧場、公会堂、集会場の居室

➡機械換気設備・中央管理方式の空気調和設備での換気が必要

調理室、浴室などの室でかまどやコンロ、その他火を使用する設備または器具を設けた室

➡火気使用室の基準を満たした設備での換気が必要

準不燃材料、難燃材料その他それらの指定のないものの4つに分けることができます。

建築材料の不燃性能の有無は、①材料が燃焼しない、②防火に支障が出る損傷や変形が生じない、③避難に支障が出る煙やガスを発生しない、といった3つの観点から判断します。ただし、建築物の外部仕上げに用いるものは、①、②の2つの観点から不燃性能の有無を判断します。

防火材料には不燃材料、準不燃材料、難燃材料の3種類があります。たとえばコンクリートやレンガ、鉄、ガラス、モルタルなどは不燃材料に該当します。厚さが9㎜以上のせっこうボードや厚さが15㎜以上の木毛セメント板が準不燃材料にあたります。難燃合板で厚さが5.5㎜以上のものや厚さが7㎜以上のせっこうボードが難燃材料にあたります。

まず、居室については難燃材料を用いる必要があります（もちろん、不燃材料や準不燃材料を用いることもできます）。ただし、床から高さが1.2m以下の部分の壁については難燃材料でなくてもかまいません。天井も原則として難燃材料ですが、3階以上に居室がある場合の天井は準不燃材料を用いなければなりません。

廊下や階段の壁や天井については、準不燃材料を用いる必要があります。避難階段については、仕上げにも下地にも不燃材料を用いなければなりません。

■ 避難設備を整える

人が多く集まる建物については、建築基準法で階段や出入口などの**避難施設**についての規定が定められています。一定の規模を備えた飲食店は、避難設備を整える義務を負います。

たとえば、階段については、避難階（直接地上に通じる出入口のある階。通常は1階です）以外の階から、避難階または地上へと至る

「直通階段」の設置が義務付けられています。「直通階段」とは、その階段だけを通って避難階または地上へと到達できる階段のことです。なお、直通階段の代わりに傾斜路（スロープ）でもかまいません。

また、非常用進入口は、飲食店の高さが31m以下の部分にある、3階以上の階に設置しなければなりません。

そして、非常用進入口は、道路や、道路に通じる幅4m以上の通路・空地などに面している各階の外壁面に、40m以下の間隔で設置しなければなりません。

なお、飲食店にロビーが設けられている場合には、そのロビーに対しても、耐火構造の床・壁で囲み、下地、仕上げ共に不燃材料としなければなりません。バルコニーか窓か排煙設備を設け、出入口は特定防火設備にします。予備電源を有する照明装置も必要です。床面積は1基につき10㎡以上とされています。その他、標識やかごの寸法、速度等のさまざまな規定があります。

■ 避難施設の基準

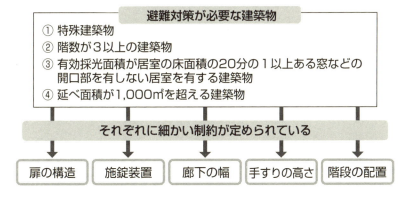

4 建築上の制限がある地域もある

用途地域の規制に乗っ取って、飲食店の立地場所を選定する必要がある

■■ 都市計画法の規制がある

　新規開業、あるいは新店舗出店の際には開店に適した場所を探すことになりますが、都市計画法や建築基準法上、開店が規制されている地域があることを知っておかなければなりません。都市計画法では、土地の用途を指す用途地域は、12の地域に分けられています。大きく、住居系、商業系、工業系の3つに分けられます。

　飲食店に関係がある範囲で、各用途地域について特色を見ていきましょう。

・（第1種・第2種）低層住居専用地域

　低層住居専用地域は、用途地域の中で最も良好な住環境をめざすものです。このうち、第2種低層住居専用地域では、第1種に比べて若干規制が緩和されています。たとえば、2階建て以下で延べ床面積が150㎡以下の小規模な店舗であれば、小売店や飲食店の営業も許容されています。

・（第1種・第2種）中高層住居専用地域

　中高層住居専用地域は中高層住宅の良好な住環境を守るための地域です。この場合も、第2種では3階以上や、1500㎡以上の建物でなければ工場やスポーツ施設等以外の住環境への影響の小さなものであれば営業することが可能です。

・（第1種・第2種）住居地域、準住居地域

　住居地域は、住居専用地域と同じく住環境を保護するために設定される地域ですが、商業用建物の混在も予定しているという点が異なります。

第1種住居地域は、商業施設の建設についての配慮から住居専用地域よりも容積率が緩和されています。ただ、住環境の保護が重視され、店舗や事務所等の商業施設系の用途は3000㎡以下のものに限られ、パチンコ店などの営業は禁止されています。

　なお、第2種住居地域では、店舗や事務所の広さの制限は1万㎡以下になります。

　準住居地域は第2種住居地域よりも、さらに商業などの業務への配慮が強くなっています。幹線道路の沿道などが準住居地域に指定されていることもあり、店舗・事務所の設置はかなり自由に認められています。ただし風俗系の営業は禁止されています。

・商業地域、近隣商業地域

　商業地域は、主に商業などの地域的発展をめざす地域で、都心や主要駅周辺を中心として広域に指定されます。これは、地域的に多くの人を顧客として受け入れることを予定しているからです。

　近隣商業地域は、近隣に住む住民の日常生活の需要に応える商業その他の業務の発展をめざす地域です。バス通り沿いの停車場をメインに道路の両側それぞれ20mの範囲の商店街を指定するといった、細長い地域を指定することが多いのが特徴です。住民の日常的需要に応える地域なので、商業地域では許容されている風俗業の営業は都道府県により取扱いが異なります。

　商業地域、近隣商業地域のいずれの地域でもたいていの営業は行えます。ただ、危険性があったり環境を悪化させるおそれのある工場などの業務を行うことは制限されます。

　ただ、都市部周辺では、近年の不況に伴って撤退した工場跡地などに中高層マンションが建設され、マンション地帯の様相を呈している地域が増えています。

　工業地域は、主に工業の発展を図るために指定される地域です。住宅の建築は可能ですが、小学校や大学、病院、ホテルといった施設を

設置することはできませんが、飲食店の営業は可能です。

工業専用地域は、工業地域よりもさらに工業の発展という目的を徹底した地域で、大規模工業団地などがこれに該当します。工業専用地域では、学校や病院といった一定の良好な環境を必要とする施設の設置はもちろん、飲食店の営業も許されません。

■■ 建築基準法の用途地域とは

都市計画法において定められている用途地域は、建築基準法による規制と連動しています。もっとも、特定行政庁（市町村長あるいは都道府県知事）が各用途地域に関して、良好な住居の環境を害するおそれがないと認め、または公益上やむを得ないと認めて許可した場合において、規制が緩和される場合について言及していることも、特徴のひとつです。

■ 都市計画法と建築基準法

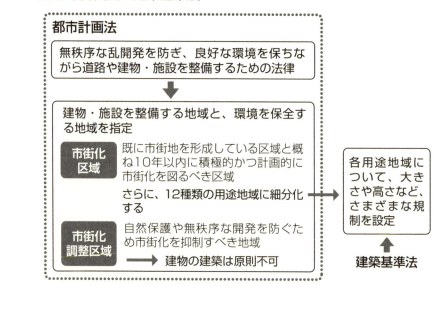

■ どんな地域に店舗を構えるのがよいのか

　飲食店の店舗を構える場所としてふさわしい地域に関して、当該飲食店が、いかなる目的で、どのような顧客層を目指して出店するのかにより、若干の差があるように思います。

　まず、飲食店を、他の銀行や映画館などが集まっている地域で、飲食店をそれらの一端であると位置付け、商業施設が多く集まっている地域で、飲食店の開業を検討するという場合も少なくありません。そのため、銀行・映画館・他の飲食店・百貨店などが集まる地域に出店することになりますので、比較的大規模な飲食店を開業する予定である場合が多いといえます。

　これに対して、飲食店を、周辺住民の日常生活と密接に関連するような形で開業しよう考える場合もあります。飲食店の顧客層を周辺住民であると想定した場合には、商業施設が多く集まっているよりは、周辺住民が利用しやすい住宅地の近隣に飲食店を開業した方がよいと考えられます。

■ 飲食店を構えることができる地域

用途地域	飲食店建設の可否
第1種低層住居専用地域	営業不可能
第2種低層住居専用地域	条件付で営業可能
第1種中高層住居専用地域	条件付で営業可能
第2種中高層住居専用地域	条件付で営業可能
第1種住居地域	条件付で営業可能
第2種住居地域	営業可能
準住居地域	営業可能
近隣商業地域	営業可能
商業地域	営業可能
準工業地域	営業可能
工業地域	営業可能
工業専用地域	営業不可能

5 建築確認申請が必要な場合について知っておこう

店舗の増・改築であっても建築確認申請が必要になる場合がある

■ 建築確認申請が必要になる場合と手続きの流れ

　飲食店において、店舗の増・改築が必要になる場合があります。しかし、増・改築が自由にできるわけではなく、一般に、新築の場合と同様に、**建築確認申請**を受ける必要があります。建築確認とは、建物や工作物などが建築基準法や建物を建てる際のさまざまな規制を守っているかどうかを、建物を建てる前に行政が事前にチェックをする制度です。原則として、建築確認を受けた後でなければ工事を開始することができません。建物は1回建築されると、取り壊しや立て直しをするためには大きなコストがかかります。また、安全基準を満たしていない建物が建築されてしまうと、それにより個人の生命や身体が脅かされる可能性があります。そのため、基準を満たさない建物により不利益が生じないように建築確認が行われています。

　増・改築を行う場合にも、確認申請の提出が必要になる場合がほとんどですが、増築という言葉について、建築基準法上は定義を置いていません。端的に、敷地内の既存建築物の延面積を増加させること、および、敷地内の建築物を増加させることと考えることができます。

　建築確認が必要になる増・改築の例としては、①トイレの増築、②防火地域で、住宅の敷地内に物置を購入して設置する、③防火地域や準防火地域にあたらない地域で、住宅の吹抜けを埋めて床を張る等の工事、④防火地域で、オフィスの竣工時に不停止にしていたエレベーターについて、各階で停止するように改修するなどといった工事が挙げられます。

　建築確認の申請は、建築主が建築主事や指定確認検査機関に申請す

ることで行います。どちらに申請するかは建築主が判断します。

建築確認の申請を行う際には、確認申請書と設計図書を提出します。

設計図書の内容としては、平面図、立面図などの図面の他、建築計画概要書、構造計算書などがあります。

建築主から建築確認の申請があった場合、建築主事は一定期間内に建築計画が法令に適合するものであるかどうかを審査します。この期間は、特殊建築物や大規模建築物であれば35日以内、その他の建築物であれば7日以内が目安になります。審査の結果、計画が法令に適合するものであることが判明した場合には、建築主事や指定確認検査機関は建築主に対して確認済証を交付します。

なお、指定確認検査機関が確認済証を建築主に交付した場合には、確認審査報告書を作成して特定行政庁に提出することが必要になります。建築主事や指定確認検査機関が建築確認を行う場合には、消防長か消防署長の同意を得ることが必要です。ただし、防火地域、準防火地域以外の戸建て住宅の建築確認をする場合には、消防庁や消防所長の同意を得る必要はありません。

■ その他の手続きが必要になることもある

建築確認申請が不要になる場合であっても、店舗の修繕等のために行う工事に関して、ふまえるべき手続きがあります。

たとえば、一般住宅として広く普及している木造2階建ての建築物では、構造的な検討が行われないまま、建築が行われてしまうケースがあります。もっとも、建築基準法では、建築物を問わず、構造関係規定が定められており、すべてクリアしなければ建築できません。

したがって、建築確認申請が不要であっても、構造計算（構造上の安全性を確保するため、地震や台風時など、大きな外力が加わった時に建築物にどのような影響が生じるか計算すること）を行う必要があります。

6 消防法で求められる規制について知っておこう

設置基準に合わせて義務付けられている消防用設備を設置しなければならない

■■ 店舗にはどんな消防用設備を備える必要があるのか

　居酒屋などの飲食店では、雑居ビルのような限られた空間で営業することもよくあります。そこに不特定多数の人が出入りするので、いったん火災が発生すると、大惨事に至ることもあります。そこで、居酒屋などを開業する場合、風俗営業法や食品衛生法上の手続きだけでなく、消防関係の手続きについて十分理解と準備をしなければなりません。

　特に、雑居ビルやカラオケボックスの火災により多くの死傷者が出た事件以後、消防署の態度は一般に厳しくなっている傾向にあります。また、店舗の入る建築物を自ら建築するところから始める場合には、構造や素材の制約があるので、建築計画の段階から管轄の消防署と綿密な打ち合わせをする必要があります。消防法には、**防火対象物**という概念が設けられています。防火対象物は、不特定多数の人間が出入りするため、万が一火災が発生すると、甚大な被害が発生してしまいます。そのため、一般の建造物よりも防火に対する管理は高度なものが要求されることになります。消防法施行令別表第1によると、飲食店・料理店は、防火対象物にあたることが明記されています（同施行令別表第1㈢ロ）。

　消防用設備には、警報設備、消火設備、避難設備の3つがあります。

① 　警報設備

　自動火災報知設備、ガス漏れ火災警報設備、漏電火災警報器、消防機関へ通報する火災報知設備、非常警報器具・非常警報設備（非常ベル、自動式サイレン、放送設備）があります。

② 消火設備

　消火器・簡易消火用具、屋内消火栓設備、スプリンクラー設備、水噴霧消火設備、泡消火設備、不活性ガス消火設備、ハロゲン化物消火設備、粉末消火設備、屋外消火栓設備、動力消防ポンプ設備があります。

③ 避難設備

　避難器具（滑り台、避難はしご、救助袋など）、誘導灯・誘導標識があります。

■ 工事の際に消防関係の届出が必要になることもある

　防火対象物の関係者は、防火対象物に設置された消防用設備等や特殊消防用設備等を定期的に点検する必要があります。この点検は、消防設備士の免状を受けている者や消防設備点検の資格を有する者に行わせなければなりません。その結果は、消防長や消防署長に報告します。これを**定期点検報告制度**といいます。

　点検が必要な防火対象物は以下のものになります。つまり、特定防火対象物で、延べ面積が1000㎡以上のものは点検が必要です。また、特定防火対象物以外の防火対象物で、延べ面積が1000㎡以上であり、消防長か消防署長が指定しているものに関しても、点検が義務付けられています。さらに、特定用途に用いられる部分が避難階以外の階にある防火対象物で、避難階以外の階から避難階や地上へ直通する階段が2つ以上設けられていないも点検を受ける必要があります。

　基準に沿った消防用設備等を設置することが義務付けられているわけですが、原則として消防法17条の14に基づき、軽微な消防用設備等の設置に関する工事であっても、資格を持った甲種消防設備士が消防工事を行う際に、工事着手の10日前までにその地域を管轄している消防署に、「工事整備対象設備等着工届出書」を提出して、届け出る必要があります。そして消防用設備等の設置工事が完了した際には、その旨を設置完了後4日以内に消防長または消防署長に届け出て、検査

を受ける必要があります（消防用設備等設置届）。消防機関による検査を受け、基準に適合していると認められると、消防長または消防署長は検査済証を交付します。

　ただ、設置時に検査済証を受けたとしても、その状態を長く維持しなければ、何の意味もありません。そこで、消防法17条の3の3では、定期点検の実施と消防長等への報告義務を規定しています。定期点検の時期は、特定防火対象物の場合1年に1回、非特定防火対象物の場合は3年に1回とされています。

　なお、防火対象物の使用を開始しようとする場合には、「**防火対象物使用開始届出書**」（34ページ）の提出が必要になることも忘れてはなりません（この届出については、許可申請手続きなどの手続きと一緒にやってしまうのが迅速かつ合理的です）。居抜き物件など以前は違う業種で使用していた店舗を改装して営業開始する場合でも防火対象物使用開始届出書を提出しなければなりません。

■ 店舗の構造によって設置する消防用設備が変わってくる

　防火対象物にはその防火対象物に出入りする人、勤務する人、居住する人の数（収容人員）が定められており、収容人員数の違いにより、避難器具等の設置や、防火管理者の選任の必要性が異なってきます。収容人員の算出方法については、消防法施行規則に規定があり、飲食店は、従業員数と、固定式のいす席の部分はいす席の数（長いす式のいす席の場合は幅0.5mにつき1人）、それ以外の部分は床面積3㎡につき1人と計算した人数とを合計した数が、収容人数にあたります。

　ただし、飲食店に消防設備を設置しなければならない場合であっても、店舗の構造が異なると、設置しなければならない消防用設備も異なってくることに注意が必要です。

　たとえば、消火器については、多くの防火対象物に関する消防法施行令の規定を確かめてみましょう。防火対象物のうち、地階、無窓階、

3階以上の階では、50㎡以上の床面積がある場合には、どのような場所であっても消火器を設置しなければならないと規定されています。
　それ以外の階では、飲食店をはじめ、集会場、ホテル、病院、工場などでは、延べ面積が150㎡以上ある場合に消火器を設置します。また、他の建築物とは異なり、劇場や集会場として用いられる建物で、地階、無窓階、4階以上の床面積が100㎡以上の階では、屋内消火栓の設置が必要になると規定されています。
　このように、同種・同等の店舗を営んでいる場合であっても、消防用設備の設置が免責される場合があり、条件が異なると設置しなければならない消防用設備も異なることに注意が必要です。

■ 防火管理者とは

　「防火対象物使用開始届」と一緒に行うべきこととして、**防火管理者**の選任とその届出があります。
　防火管理者とは、消防計画の作成や提出、消防訓練の企画などの防火対策を行うことが主な任務となっています。任命する場合は、店舗を常に直接管理している店長などが適任でしょう。
　防火管理者の責任は重大です。防火管理を怠っていたがために、火災によって死傷者が発生した場合は、民事上の損害賠償責任だけでなく、業務上過失致死傷罪などの刑事責任も追及されることになります。もちろん、任命した経営者も使用者としての責任を追及されます。
　そこで、防火管理者に選任すべき人物は、責任感が強い人にすべきです。また、選任を受ける側も、それなりの厳しい自覚をもって臨むべきです。資格のある者を防火管理者に選任後、「防火管理者選任届出書」を作成して、「防火対象物使用開始届出書」と共に、所管の消防署長宛に提出します。

書式　防火対象物使用開始届出書

第3号様式の2（第12条の2関係）
（表）

防火対象物使用開始届出書

平成○○年 ○月 ○日

東京消防庁
○○消防署長　殿

届出者
住　所　東京都○○区○○町○丁目○番○号
電話　03（○○○○）○○○○
氏　名　甲野　一郎 ㊞

下記のとおり、防火対象物又はその部分の使用を開始したいので、火災予防条例第○条の○第○項の規定に基づき届け出ます。

記

敷地の概要	名　称	大江戸ビル			
	所在地	東京都○○区○○町○丁目○番○号			
	防火地域	防火地域		用途地域	近隣商業地域
	敷地面積	○○○.○○㎡			
防火対象物の概要	工事等場所	Lounge　NAKANO			
	所有者	住　所	○○区○○町○-○　電話　03（○○○○）○○○○		
		氏　名	乙野　花子		
		所有形態	単独・共有・区分・その他		
		分　類	証券化・指定管理・民間資金活用（PFI）・その他（　　）		
	所有者との関係	本人・賃借・転借・その他（　　　　　）			
	工事等開始日	平成○○年○月○日		使用開始日	平成○○年○月○日
	工事等種別	内装			
	用　途	（2）項イ（ラウンジ　　　　　　）			
	面積等	建築面積 ○○○.○○㎡　延べ面積 ○○○.○○㎡			
	構造・階層	鉄筋コンクリート造　地上8階　地下1階			
設計・施工者等	設計者	住　所	○○区○○町○-○　電話　03（○○○○）○○○○		
		氏　名	丙野　花男		
	施工者	住　所	○○区○○町○-○　電話　03（○○○○）○○○○		
		氏　名	丙野　花太		
	防火安全技術講習修了者	住　所	○○区○○町○-○　電話　03（○○○○）○○○○		
		氏　名	戊井　花子		
		修了証番号	第○○○○○○号	修了年月日	平成○○年○月○日
		修了課程	○○○○○		
	石油機器技術管理講習修了者	住　所	電話　（　　）		
		氏　名			
		修了年月日		修了証番号	
※　受付欄			※　経過欄		

具体的な記載方法がわからない場合には、管轄の消防署の予防係に相談する。

（日本工業規格A列4番）

（裏）

工事等の概要	1 テナントオーナー変更に伴う工事である 2 店内のレイアウトの変更、厨房設備の交換である

配置図

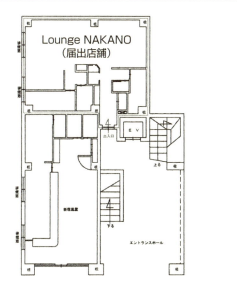

備考 1 届出者が法人の場合、氏名欄には、その名称及び代表者氏名を記入すること。
　　 2 同一敷地内に管理権原が同一である2以上の防火対象物がある場合は、主要防火対象物のみ本届出書とし、他は防火対象物の概要欄を別紙として防火対象物ごとに作成し、添付することができる。
　　 3 防火安全技術講習修了者欄は、当該講習修了者が本届出書の内容について消防関係法令に適合しているかどうかを調査した場合に記載すること。
　　 4 石油機器技術管理講習修了者欄は、地震動等により作動する安全装置を設けることとされている設備又は器具を設置（変更）する場合に記載すること。
　　 5 ※欄には、記入しないこと。
　　 6 工事等の概要欄には具体的な工事等の概要を記載すること。
　　 7 配置図欄には防火対象物の配置図を記載すること。

7 商標について知っておこう

飲食店のサービスイメージを形成する

■■ 商標や商号の保護が重要な問題になることもある

　飲食業においても、他業種と同様に、商標や商号にまつわる問題が発生する可能性があります。

　商標とは、商品やサービスのイメージを形成または既に形成されているイメージを守る役割を果たしている標識のことで、商品やサービスの名称を守る大切なものです。

　商標を使用、または今後使用する予定の個人や法人は、その商標について特許庁に出願し、登録を受けることができます。出願した商標が登録されるには、一定の審査や手続きが必要です。

　出願した商標が登録されると商標権が発生し、出願した個人・法人は商標権者となります。商標権者は、商標権が侵害された場合に、侵害者に対して侵害行為をやめるように要求できます。また、侵害行為によって損害が発生した場合は、侵害者に対して損害賠償を請求することもできます。なお、商標権を侵害した者には刑事罰が科されることがあります。

　一方、**商号**とは、商人が営業上自己を表示するために用いる名称のことです。新たに店舗を立ち上げる場合は、たとえば「△△屋」などの名前を決める必要がありますが、商人とは、その決めた名の下で商行為（取引）を行う者のことです。

　商号は、商人が店舗を営業するにあたり名乗る名称であるため、他の商人の商号と同じ、または類似した商号（類似商号という）を持つと、さまざまな混乱が予想されます。そのため、同一住所で同一商号の登記をすることは禁止されています。同一本店所在地に同一の商号

の会社があるかは、法務局に備えられている商号調査簿で調査をする必要があります。

また、全く同じ商号でないとしても、他社と酷似した商号を用いた場合、不正競争防止法により商号使用の差止請求を受ける危険があるため、注意しなければなりません。

■■ 商標の役割・登録された場合の効果

商標には、主に以下のような役割があります。

① 識別機能

商標の本質的な機能のことで、商標を持つことで、ある商品・サービスと、他の商品・サービスとを識別することが可能になります。

② 出所表示機能

同じ事業者が提供している同種の商品やサービスには、同じまたは類似した商標がつけられているケースが多くあります。また、そうでない場合でも、消費者にその商品やサービスを提供している事業者を連想させる効果をもっています。

③ 品質保証機能

一定の商品の品質やサービスの質を保証する機能のことです。消費者に対し「この商標であれば、一定程度の品質は見込めるので安心だ」と思わせることがねらいとなります。

④ 広告機能

商標それ自体が持つ、商品やサービスを広く知らしめる機能のことです。

■■ どんな商標が考えられるのか

商標にはさまざまな役割や効果がありますが、具体的に何に対してつけられるかによって、商標は主に「商品商標」と「役務（サービス）商標」の2つに分類されます。

商品商標とは、ある程度流通鵜されている商品につけられた商標のことです。商標法への規定はありませんが、おおよその目安とされています。
　一方、**役務（サービス）商標**とは、別名「サービスマーク」ともいいます。役務（サービス）は、飲食業を含めさまざまなものが対象になり、一般人が一目で認識できるような図や文字列などで作られることが多くあります。商品との決定的な違いは姿かたちがないことで、それだけに役務（サービス）商標の役割は重要となります。
　このような商標には、視覚で認識することが可能で静止しているものや、音や動作のあるものまで、さまざまな形式が認められています。
　たとえば、視認が可能な静止している商標の形式は次の通りです。
① 　**文字商標**
　文字だけで作られている商標。なお、デザイン化された文字を使用した商標はロゴ商標といいます。
② 　**図形商標**
　絵や図形から作られている商標です。
③ 　**記号商標**
　文字を図案化した記号や記号的な紋章などの商標です。
④ 　**立体商標**
　立体的な形状をした商標。実在している人や架空の人物、動物などを人形のような立体的な形状にした商標です。
⑤ 　**結合商標**
　文字と図形の組み合わせや、文字と記号の組み合わせなど、前述の①〜④のうち複数の形式を組み合わせた商標です。
⑥ 　**色彩のみからなる商標**
　図形などと結合したものではなく、色彩のみからなる商標です。
　一方、音や動作を含む商標の形式は次の通りです。
⑦ 　**音の商標**

音楽や人の声、自然の音など、音によって構成され、聴覚で認識される商標です。
⑧　動きの商標
ディスプレイ等の画面上で、図形などの一連の動きによって構成される商標です。
⑨　ホログラムの商標
見る角度によって図形が違って見える、または、立体的に見えるなどのホログラムを用いた商標です。
⑩　位置の商標
図形などがつけられる位置によって構成される商標です。

■■ 登録が認められない場合

　登録を受けることが可能な商標であったとしても、他と区別しにくいような商標などを登録することはできません。商標は、他の企業の商品・サービスと自分の商品・サービスとの違いを消費者に明示する役割を持っています。したがって、登録を希望する商標が他事業者の商品・サービスとの区別が困難である場合には、商標として登録することができません。
　また、あらかじめ登録できないと定められている商標などを登録することもできません。商標法では、国旗などの公共性の強い名前や、差別性の強いものは商標として登録できないと定められています。
　その他、他の商標と同じ商標、似た商標も登録されません。具体的には、他人が先に出願した商標が登録されている場合、その商標と同じあるいは類似した商標は登録できません。また、２件以上の出願が競合した場合、先に出願した人のみがその商標の登録を受けることができます（先願主義）。

■■ 商標登録出願の流れ

　商標登録の出願をする場合は、事前に同じ商標や似た商標が登録されていないかを調べておくと、その後の手続きがスムーズに進みます。

　実際の流れは図の通りです。まずは特許庁による提出書類の確認作業である「方式審査」が行われ、その後は商標が登録できる要件を満たしているかを審査する「実体審査」へ進みます。不備がなければ、その後は登録査定へ移る、という流れになっています。

■ 出願から登録までの流れ

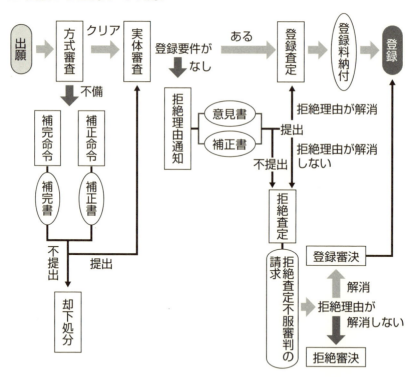

8 フランチャイズについて知っておこう

契約を結ぶことで本部の看板を掲げて事業を行うことができる

■ フランチャイズとはどんな制度か

　街中の飲食店には、全国的または地域的に同じ看板が多く存在しているケースがあります。これらの店舗の中には、すべてが本店直轄の支店である場合の他、財産的・経営的には独立した場合であることもよくあります。

　つまり、本部より顧客の信用源となる商標の使用が許され、原材料の仕入や経営のノウハウなどを提供される代わりに、一定の加盟料やロイヤリティを支払う経営形態を採っているのです。

　このような経営形態のことを、**フランチャイズチェーンシステム（FC）** といいます。このシステムの中心となり、各加盟店を組織・統括する本部をフランチャイザー、加盟店側をフランチャイジーと呼んでいます。

　フランチャイザーとフランチャイジーは、通常の会社組織内における本店・支店という関係ではなく、相互に独立した経営主体であり、採算も独立しています。両者は、FCシステムを内容とするフランチャイズ契約を締結することで、契約関係にあります。

　FCシステムにはさまざまなメリットがありますが、主に、ノウハウがなくても短期間で開業が可能になることや、宣伝効果と信用が一挙に手に入ること、資金が少額で済むこと、開業後の労力が削減できることなどが挙げられます。

　一方、デメリットとしては、自由が制限されることや本体であるフランチャイザーが信用を損なった場合や悪質な場合は共倒れになること、事業譲渡などが制限されることなどが挙げられます。

フランチャイズ契約を検討する場合は、事前に入念な調査を行うことが重要です。

■■ 加盟するまでの流れをつかもう

FC契約は、フランチャイジーが行う営業内容に対し、かなり広範囲にわたって拘束をするものです。そのため、一度契約してしまうと、後戻りにはかなりの損失を伴います。

後悔しないように、慎重にFCを選択することが重要で、特に次の点に特に注意を払うべきでしょう。

① 業界展望を確認する

フランチャイズの行う商売の売上傾向が、どのような状態かを確認します。成長過程か安定過程か、今後、どのように推移していくかを調べる必要があります。そして、その業界の中で、各フランチャイズチェーンがどのような位置にいるのかにも注意します。

② フランチャイザーの調査をする

本部がどのような体制なのか、トップはどのような人物なのか、他のフランチャイジーとトラブルはないか、などの点をチェックします。実際に本部を訪れることはもちろん、他のフランチャイジーの話を聞

■ フランチャイズのしくみ

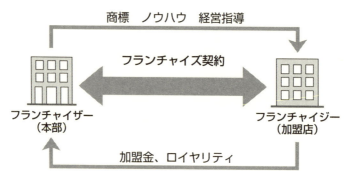

くことも必要です。工場がある場合には見学をしておくべきでしょう。

③　契約内容を確認する

　FC契約は、きわめてドライな契約関係です。そのため、契約締結前に契約内容を確認しておくことは必要不可欠です。ポイントは、フランチャイザーのサポート内容、フランチャイジーとしての義務の内容・程度、加盟料やロイヤリティが明確で納得できるものか、などの点です。疑問点はここですべて解消しておくことが重要です。

　なお、フランチャイズへ加盟するまでの流れについては、下図のようになります。

■■ フランチャイズ契約を結ぶときの注意点と考えられるトラブル

　FC契約には、さまざまなトラブルが生じる場合があります。フランチャイザーの経営の不健全性や、フランチャイジーが独立開業を急ぐことで甘い見通しを立てることに原因がある場合などがあります。

　主な契約上のトラブルには、次のようなものがあります。

① 　研修・サポートが履行されない場合
② 　フランチャイザーに提示された売上見込みが異なった場合

■ FC加盟までの流れ

1. 各業界のFC、業界内のFCについて、比較しつつ検討する
2. いくつかの加盟候補を選択する
3. 資料の検討、本部への訪問と質疑、その他の情報収集をする
4. 加盟希望先を決定し、面接と審査を受ける
5. 契約内容について確認する
6. 契約を締結する
7. 店舗設立・事業計画策定などの開業準備を行う
8. 研修を受ける
9. 開業する

③　後からさらに研修費などを請求されるなどの場合
④　契約に至らなかったのに加盟料を返還しない場合
⑤　仕入が滞る場合

■■ 従業員の独立制度とはどんな制度なのか

　フランチャイズとは少し異なりますが、飲食業では、ある程度の経験と技術を重ねた従業員が、その店から独り立ちし、独立前の看板の下で新たに店舗を経営する、のれん分け制度と同じシステムがあります。
　このシステムを採用することで、従業員は店で学んだノウハウを生かして、自身が店舗を動かしていくことができます。独立制度は、従業員が「鍛錬を積むことで、いつか経営者になることができる」という目標を抱くため、モチベーションや技術力アップにつながるという効果があります。一方、事業者側は、優秀な従業員に頑張ってもらうことで、店の集客アップにつながるメリットがあります。

■■ 従業員の独立制度の活用法と注意点

　従業員の独立制度を採用する場合は、注意する点もあります。まず、対象とする従業員の見極めがもっとも重要です。実力が不十分な従業員を独立させることは、非常に危険な行為です。また、もともと上司と部下であった者同士が経営者になることで、部下であった従業員の部下気質が抜け切れず、経営者同士の話ができない危険性もあります。
　その他、これまで店舗の技術向上に注力してきた人物が、いきなり経営者となるため、実務以外の法務、労務の知識が乏しく、経営者としての考えができない場合や、店舗がうまく回らなくなる可能性もあります。このような事態に備え、独立前に実務以外の経営者としてのノウハウを教えこんでいく必要があります。

第2章
食品衛生の基礎知識

1 食中毒を予防するための調理の際の基本を確認しておこう

原因菌等を、つけない・増やさない・殺菌を行うという3段階に応じて予防策を講じる

■ どんな点に注意すべきか

　食中毒は、有害で有毒な微生物や化学物質等を含む飲食物を、人が飲食等することによって引き起こされる下痢・おう吐や発熱などの症状の総称をいい、重篤な場合には死亡事故を引き起こすこともあります。食中毒を起こす微生物には、細菌の他に、ウイルスや原虫などを挙げることができます。

　厚生労働省によると、食中毒を予防するためには、主に、原因になる菌を「つけない・増やさない・殺菌等する」という3つの基本方針が示されています。飲食店等の事業者が、調理等を行う際に、食中毒を発生させないためには、どのような点に気をつけるとよいのでしょうか。前述の基本方針に沿った対策として、以下のようにまとめることが可能です。

① **原因菌をつけないために調理器具等からの汚染を防止する**

　食中毒の原因になる細菌等が、食材に由来するものではない場合に備えて、使用する調理器具等について、十分な洗浄消毒を行う必要があります。

② **調理担当者からの食中毒の拡大を防止する**

　食材や調理器具からの食中毒を防ぐことができる場合であっても、実際に食品の調理を担当する従業員等から、食中毒が拡大する場合があります。たとえば、調理担当者の衣服等に付着した原因菌が、食品等に付着することで、重大な食中毒が引き起こされる可能性があります。そこで、調理担当者等を介した食中毒の発生を防止するためには、まず調理担当者が、入念な手洗いを行うことが不可欠です。また、食

品の盛り付け時などにも食中毒の原因菌が混入するおそれがありますので、使い捨て手袋を使用して、素手などで食品に直接触れることがないように注意する必要があります。

③ **食材に付着している原因菌について殺菌等を行う**

特に生ものである、カキ・アサリ・シジミ等の二枚貝など、食品によっては、食中毒を引き起こす可能性が高い食品等があります。そこで、食品の中心部等について、85〜90℃等の高温で、90秒など比較的長い時間加熱をして、原因菌を確実に殺菌することが重要です。

■■ 生食用の食肉に関する取扱い

重大な食中毒事案が発生した生食用の食肉について、厚生労働省は、食品衛生法に基づいて、牛・豚のレバーや豚肉（内臓等も含む）に関しては、生食用として販売・提供することを禁止しました。

以前は規制が行われていませんでしたが、食肉を生食として販売・提供する場合には、中心部まで十分に火が通っているかを確認して、中心部の色が変わるまで、加熱する必要があります。なぜなら、中心部まで、75℃で1分間以上加熱等を行うことで、O-157の原因にもなった、腸管出血性大腸菌などの病原微生物が死滅するためです。

また、生のレバーなどの内臓や、直接的に肉が触れた場所は、原因菌等が付着する可能性があります。まだ焼いていないレバーや肉等には、専用の箸・皿を用意する必要があります。飲食店において来店客が店で自ら調理して食べる場合には、飲食店はコンロや七輪などの加熱調理ができる設備を提供しなければなりません。あわせて、もし生や不十分な加熱のままで食べている場合には、事業者は、十分に加熱して食べるよう説明しなければなりません。

なお、加熱に用いる取り箸やトング、皿などが他の料理に触れないよう説明することも重要です。

2 検便について知っておこう

原因菌を保有しているか否かの判別が可能。大規模な食中毒の発生や感染の拡大を防ぐ

■ 何のために行うのか

　腸内細菌検査（検便）とは、食品衛生法、大量調理施設衛生管理マニュアル、都道府県条例等に基づき、食品を取り扱う事業者等が行う、製造、加工、調理、販売等の従事者を対象とした健康管理や腸内細菌に関する検査を指します。

　近年、サルモネラや腸管出血性大腸菌などによる食中毒、感染性下痢症の集団発生事例が社会的な問題になっています。そこで、一般的な消費者の意識が高まる中、防止策として食品取扱者の健康保菌者の検索として、定期的に検便検査を行う必要が高いといえます。

　検便の法的根拠としては、食品従事者が実施すべき**管理運営基準**に関する指針が挙げられます。この指針では、原因菌を持っているが、菌による症状がない人のことを**健康保菌者**といいます。健康保菌者が食品の取扱いを行った場合、食中毒事故につながるケースがあります。そこで、定期的に腸内細菌検査（検便）を行うことで、健康保菌者の判別が可能になり、食中毒発生や他者への感染のリスクを低減させることができます。これが、検便を行う目的として挙げられる事柄です。

　健康保菌者は、腸管出血性大腸菌O-157などの病原体に感染しても、大きな症状を示さず、感染源として気づかないうちに病原体を他の人に拡げてしまうというおそれがあります。

　食品等の事業者等が、従事員等に対して健康管理や手洗いなどの重要性を教育することも可能になり、施設全体の衛生管理の向上につながることも期待されています。

■■ 陽性者がいた場合にはどうする

　発症者の便にのみ検出されたときは、「感染症」扱いになり、検便が調査手段として非常に重要になってきます。調理人の便から**ノロウイルス**など、食中毒の原因になるような菌が検出された場合は、「食中毒」として取り扱われることになりますので、その後については、感染の拡大を防ぐ措置を早急にとる必要があります。

　なお、体調不良時の下痢などは、消化器内へ細菌が侵入することによって引き起こしている場合があり、検便によりその原因菌を究明することも可能になります。

　食品取扱事業者等は、多くの人の生命・健康を預かっている立場にあることを意識し、疾病予防については正しい知識に基づいて、対処しなければなりません。

　検便により、陽性反応が出た場合には、その者については、調理・食品取扱作業を行わせることができません。事業者は、食中毒が拡大することを避けるために、陽性反応が出た者について、食品取扱作業から外して、事務作業など他の部署において、雇用を継続することが考えられます。そして、治療によって、再度検便の結果が、陰性に代わるまで、調理作業を中止させなければなりません。

　特に赤痢、腸チフスなどの消化器伝染病の保菌者は、病気回復後や健康者も保菌の有無を確認することが大切です。

　また近年、食中毒においては、ノロウィルスが流行しており、厚生労働省が出している、「**大量調理施設衛生管理マニュアル**」においても、特にノロウィルスの陽性反応が出た者に対しては、食品に直接触れる調理作業を控えさせるように規定しています。陽性反応が出た場合、その者が調理等で使用した物などについて、殺菌・消毒等の措置をとる必要があります。

3 日常の感染症予防とおう吐などの処置について知っておこう

ノロウイルスには、次亜塩素酸ソーダを使用するなどの適切な処理方法がある

■■ 感染症と問題点

　O-157をはじめとする感染性胃腸炎や食中毒は、一年を通じて発生していますが、特に、冬季に流行する食中毒はノロウイルスが原因になる場合が多いようです。ノロウイルスは手指や食品などを通して、経口感染し、腸管で増殖し、おう吐・下痢・腹痛などの症状が発生します。特に、子どもや高齢者などでは重症化したり、吐しゃ物を気道に詰まらせてしまい、死亡事例に至る場合もあります。

　飲食店におけるノロウイルスによる食中毒は、主に、食品の調理担当者を通じて、食品の汚染により発生します。つまり、ノロウイルスに感染している従業員が感染源になって、提供した食品等を飲食した多くのお客様が、ノロウイルスに感染してしまい、大規模な集団食中毒事例に発展してしまうというケースが非常に多く報告されています。

　また、感染ルートとして注意するべきなのは、調理を担当する従業者自身ばかりではなく、その家族等が感染源である場合があるということです。そのため、従業員等がノロウイルスに感染したという報告を受けた場合、当該従業員等に対して検便等の検査を実施することはもちろんのことですが、その家族等に対しても同様の検査等を実施することが、感染拡大を防止する上で、非常に重要です。

　次に、ノロウイルスに感染した調理担当者等が、おう吐などの症状が発生した場合に、飲食店内における感染対策方法について見ていきましょう。一般的には、洗浄や消毒には、消毒用エタノールや逆性石鹸が用いられることが多いようですが、ノロウイルスに対しては、次亜塩素酸ナトリウムが有効です。調理担当者が使用した調理器具等に

ついては洗剤などを使用し、十分に洗浄した後に次亜塩素酸ナトリウム（塩素濃度は200ppm以上が必要です）で拭くことにより、ウイルスを失活化できます。また、感染者の数や、後述するお客様への集団感染にまで至った場合には、店内全体を洗浄・消毒する必要があります。

ノロウイルスは、少ないウイルス量で感染するため、ごくわずかなふん便や吐しゃ物が付着した食品でも、多くの人に感染させるおそれがあるため、多くの人が使用するトイレや、店内の細かい部分にまで注意して、徹底した洗浄・消毒を行うことが大切です。

なお、飲食店等の責任者は、当然のことながら、下痢やおう吐などの症状がある従業員等を、食品を直接取り扱う作業に従事させてはいけません。また、ノロウイルスは、下痢等の症状が治まった後も、通常でも1週間程度、場合によっては1か月程度、ウイルスが体内に残ることがありますので、症状が改善した後も、しばらくの間は直接食品を取り扱う作業をさせないことで、感染拡大を防ぐべきです。

■ お客様への対応の仕方

飲食店では、従業員等のノロウイルス感染に注意すると共に、ノロウイルスに感染しているお客様が、店内でおう吐などの症状を起こす場合があります。

■ 飲食店でのノロウイルス対策

健康管理	①調理担当者及び家族の健康状態に注意する ②症状が現れている人に直接、食品を扱う作業をさせない ③症状が現れた場合に、責任者に報告するしくみを整える
手洗い	①トイレ後・調理施設に入る前・調理作業に入る前・盛付時の手洗い ②指先など、汚れの残りやすい箇所を丁寧に洗う
消毒	洗剤等による十分な洗浄・熱湯等による消毒

この際、あらかじめ吐しゃ物等の適切な処理方法について、従業員等に対して徹底しておかなければなりません。たとえば、処理には素手ではなくゴム手袋等を必ず使用すること、おう吐物の廃棄に用いるビニール袋は二重にすることなど、マニュアルを全員が共有している必要があります。不適切な方法で、お客様がおう吐した吐しゃ物などの処理にあたってしまうと、ウイルスが拡散して、他のお客様にまで感染が広がるおそれもありますし、また、処理にあたった従業員等が二次感染する危険もあるため、注意が必要です。

■ ノロウイルス以外のウイルスや細菌感染にも気をつける

　食中毒の主な原因は、細菌とウイルスであり、ノロウイルス以外にもさまざまなウイルスや細菌感染に注意する必要があります。ノロウイルス以外の細菌が原因となる食中毒の多くは、高温多湿になる夏季を中心に多く発生しています。代表的な感染源として、腸管出血性大腸菌（O-157など）やカンピロバクター、サルモネラ属菌などが挙げられます。湿気を好む最近の多くは、気温が高くなり湿度も高くなる、梅雨の時期に最も多く繁殖する傾向にありますので、この時期は細菌等に対して細心の注意を払う必要があります。

　基本的な細菌やウイルス対策は、ノロウイルスと共通する点が多いですが、細菌の場合には、①細菌を食物につけない、②付着した細菌を増やさない、③食べ物や調理器具に付着した細菌を加熱等により処理するという、3つの基本原則が有効です。具体的には、さまざまな雑菌が付着している手を入念に洗い、生肉や魚などを切ったまな板などの器具の洗浄・消毒を心がけましょう。食材の保存にあたっては、細菌の多くの増殖を防ぐことができる10℃以下の低温での保存を基本にします。そして、ほとんどの細菌やウイルスは加熱により死滅しますので、食材の中心部分まで、しっかり加熱することが重要です。

4 食中毒についてのクレームへの対処法を知っておこう

お客様の体調を気遣った上で適切に対応する姿勢が重要になる

■ まず何をすべきか

　飲食店に対して、「このお店で食べた料理が原因で、食中毒になった」という内容のクレームが寄せられる場合があります。他のクレームと同様に、誠実に対応することが必要なことはもちろんのことですが、食中毒に関するクレームが寄せられた場合には、さらに注意するべきポイントを押さえて、クレーム対応にあたることが重要です。

　まず、お客様の症状と発症日時、食べた日付と料理を尋ねた上で、病院などの医療機関を受診したかどうかを尋ねる必要があります。

　既に受診済みの場合は、検査項目の中に検便など食中毒の疑いがあることを前提に行われるべき検査が実施されているのかを確かめなければなりません。受診した医師等が、風邪等であることを前提に、必要な検査を実施しておらず、ただ単に薬等が処方されているだけの場合が、少なからずあり得ます。必要な検査が行われていない場合には、お客様に対して、再度の受診をお願いすることになります。既に受診機関等から、食中毒が原因であることが明らかになっている場合には、速やかに保健所へ連絡しましょう。その際には、可能であれば、検食を提出することが重要です。

　また、従業員等への感染拡大のおそれもあるため、従業員等の検便もあわせて提出するようにしましょう。その結果、従業員等からもウイルス等が検出された場合には、保健所の指示を仰ぎ、店内の洗浄・消毒や営業に関する指導を受けましょう。

　これに対して、お客様がまだ医療機関を受診していない場合には、速やかに受診をお願いしましょう。この際、費用は飲食店側が負担す

ることを伝え、可能であればお客様の受診に同行しましょう。診断結果が出るまでに数日間要する場合もありますので、その間に、同じ食材を使用した他の店舗等で同様の事故が起きていないか、そして、他のお客様からも同様のクレームがあったか否かを調べておきましょう。

　なお、検査結果については、できるだけ飲食店側が受け取り、お客様の自宅等に出向いて報告するようにしましょう。検査の結果、食中毒であることが判明した場合、前述のように保健所に報告するなどの措置をとることになります。

　これに対して、食中毒菌が発見されなかった場合でも、食品に含まれる物質が原因で、発疹・おう吐・下痢などの食中毒に類似した症状が生じる場合もありますので、お客様の健康に十分配慮した上で、検査結果をお伝えするようにしましょう。

■ 対応で気をつけることは

　食中毒に関するクレームが寄せられた場合には、何よりもお客様が医療機関を受診していることが重要になります。それは、お客様のクレームが、本当に食中毒に起因するものであるのか、そして、実際に食中毒事例である場合には、さらなる感染拡大を防ぐために、保健所等の指導を受けつつ、速やかな店舗の洗浄・消毒を行う前提になるからです。

　しかし、それ以上に忘れてはならない姿勢として、クレームを寄せたお客様の「体調を気遣う」誠実な姿勢を示すことです。実際に食中毒が原因であるかどうかはともかく、お客様はおう吐や下痢等の症状が発症し、店舗に苦情を寄せているのです。その後の医療機関の受診やお客様との話し合いが円滑に進むように、クレーム対応の初期段階で、お客様の体調を最優先にした対応が求められます。

5 生肉の提供について知っておこう

規格基準・表示基準に従って提供することが必要である

■■ 生肉提供はなぜ危険なのか

　牛や豚などの腸内には、食中毒を引き起こすさまざまな病原体が存在しています。主な食中毒菌としては、たとえば、腸管出血性大腸菌、サルモネラ属菌、E型肝炎ウイルス、カンピロバクターなどが挙げられます。これらの食中毒菌が誤って人の体内に入ると、腹痛・下痢・おう吐・発熱などのさまざまな症状を引き起こすことがあります。人の健康に重大な被害を及ぼすこともあり、症状が重篤な場合には、時として人の命を奪ってしまうこともあります。

　こうした食中毒菌は、と畜場で加工する手順の中で、食肉に付着してしまうことがあります。食中毒菌は、熱によって死滅しますので、火を通せば食中毒の発生を防ぐことができます。

　特に、近年はカンピロバクター食中毒の発生件数が増加しています。そのため行政は、鶏肉の生肉提供についての注意喚起を行っています。カンピロバクター食中毒は、生や加熱処理が不十分な鶏肉を食べることによって発生することが多くなっています。初期症状は風邪と似ており、主に下痢や腹痛、発熱といった症状が見られますが、比較的予後が良好であるという特徴があります。カンピロバクター食中毒は、十分な加熱調理を行うことと、二次汚染（調理中に使用したまな板、ふきん、手などから他の食品などを汚染してしまうこと）を防止することで、容易に発生を防ぐことができます。その一方で、汚染した食品を味見程度食べたなど、ほんの少しの菌が体内に入った場合でも、食中毒を引き起こしてしまうという特徴があります。

■ 生肉提供のための基準とは

　飲食店においては、なるべく加熱調理を行い、生肉提供を行わない方が食中毒の発生リスクを低く抑えることができます。しかし、法律で定められた一定の基準を満たしていれば、生肉提供をすることも可能です。

　基準には、規格基準と表示基準があります。**規格基準**では、成分、設備や器具、加工方法、保存方法、加工・調理の取扱者などについて、それぞれ具体的に定められています。また、**表示基準**では、容器包装に入れずに提供・販売する場合と容器包装に入れて販売する場合の、表示方法についてのルールを定めています。

　たとえば、平成23年10月に食品衛生法に基づいて、生食用食肉(生食用として販売される内臓を除く牛の食肉)についての規格基準が制定されています。生食用食肉として販売される牛の食肉(牛ユッケ、牛刺し、タルタルステーキ、牛タタキなど)を対象としています。

　この基準によると、提供する生食用食肉の成分は、腸内細菌科菌群が陰性であることが必要で、陰性確認の検査記録は1年間保存しなければなりません。また、設備は、器具及び手指の洗浄及び消毒に必要な専用の設備を備えた衛生的な場所でなければなりません。器具は、清潔で衛生的かつ洗浄及び消毒の容易な不浸透性の材質の、専用の器具を用いることが求められます。さらに、加工方法としては、枝肉から衛生的に切り出された肉塊を、速やかに気密性のある容器包装に入れ、密封し、肉塊の表面から深さ1cm以上の部分までを60℃で2分間以上加熱する方法などによって加熱殺菌後、速やかに4℃以下に冷却すること、と規定されています。

　なお、平成27年6月に「**食品、添加物等の規格基準**」が改正され、牛の肝臓(レバー)だけでなく、豚の食肉(内臓を含む)も生食用として提供・販売することが禁止されました。豚の食肉も禁止の対象になった理由は、牛の肝臓の生食提供が禁止されて以降、その代わりと

して、豚の肝臓を生食用として提供・販売する飲食店が増加したからです。

豚の食肉を生食した場合、E型肝炎ウィルス（HEV）や食中毒菌、寄生虫などによる健康被害が発生するおそれがあります。また、加熱以外の方法で、このリスクの低減を図ることも非常に難しくなっています。そのため、国民の健康の保護を図るためには、豚の食肉も牛の肝臓と同じように、生食用として提供・販売されることが禁止されなければならないと国によって判断されたのです。

この規格基準の改正により、飲食店は、豚の食肉を使用して、食品を製造、加工又は調理する場合、豚の食肉の中心部の温度を63度で30分間以上加熱するなどの加熱殺菌をしなければならないことになりました。また、飲食店を営業する事業者は、豚の食肉が加熱用である旨や、生で食べると食中毒の危険性がある旨などを、一般消費者に情報提供しなければなりません。情報提供を行ったにもかかわらず、一般消費者が生で食べている場合には、加熱して食べるよう重ねて注意喚

■ **生食用食肉を提供する飲食店に適用される基準** ……………

規格基準	【成分規格】 ・生食用食肉は、腸内細菌科菌群が陰性でなければならない ・上記記録を1年間保存しなければならない 【加工基準】（※加熱加工をする事業者に適用） ・加工設備の管理、加工従事者、加工基準を守るための手順、加熱条件の確認検査、など 【調理基準】 ・調理施設の管理、調理従事者、調理基準を守るための事項、製品の安全確認、など 【保存基準】 ・生食用食肉の保存方法、容器や包装の注意、など
表示基準	容器包装なし：注意表示を店舗に表示する 容器包装あり：注意表示を食品に張り付ける

起する必要もあります。

このように、生食提供ができるものとできないものがあり、できるとしても提供するためには守らなければならないルールがあります。これらをしっかりと把握しておくことが重要です。

■■ 店内での表示について

生食用食肉を飲食店で提供する場合には、「**生食用食肉の表示基準**」に従って、一定の事項を店内に表示する必要があります。この一定の事項とは、①一般的に食肉の生食は食中毒のリスクがあること、②子どもや高齢者などの食中毒に対する抵抗力の弱い人は食肉の生食を控えること、の2点です。これらを店頭やメニュー表など、店内の見やすい場所に表示しなければなりません。

この店内での表示は、消費者に注意喚起をすることが目的ですから、生食用食肉を注文しようとする消費者が、注文するときに確認できる場所に表示するように心がけましょう。文字の大きさや色などについては具体的に定められていませんが、消費者の見やすさに十分配慮することが必要です。

なお、生食用食肉を容器包装に入れて販売する飲食店の場合は、前述の①②の店内表示に加えて、③生食用であること、④とさつ又は解体が行われたと畜場の所在地の都道府県名（輸入品の場合は原産国名）、と畜場の名称及びと畜場である旨、⑤生食用食肉の加工基準に適合する方法で加工が行われた施設の所在地の都道府県名（輸入品の場合は原産国名）、加工施設の名称及び加工施設である旨、の3点を、容器包装の見やすい場所に記載する必要があります。

これらの表示義務を怠った場合には、食品衛生法違反になりますので、行政処分の対象となります。罰則を受ける場合もありますので、十分注意するようにしましょう。

第3章
許認可の法律知識

1 営業許可について知っておこう

食品衛生法に基づいて保健所に提出する営業許可申請手続き

■■ どんな仕事が対象なのか

　何かを始めるときに国又は地方自治体といった行政の**許認可**を得ることが必要な場合があります。許認可とは、許可と認可を一緒に表現した言葉です。また、許可と認可以外にも、行政上の手法として届出、登録、特許といった制度があり、便宜上、これらの手続きを総称して許認可と呼ぶこともあります。個人がしたいことを何でも自由に行ってしまうと、他人の健康を害してしまう危険や社会全体の秩序を破壊といった問題が生じることがあるため、許認可を得ることを条件とすることで行政が監視や調整を行っているのです。都道府県知事の許認可が必要な場合、警察署長が申請の宛先となる場合など各種の法律ごとに規制対象となる業種が定義され、その開業に必要な許認可が定められています。

　飲食店営業については、保健所が窓口となります。**飲食店営業**とは、食品を調理し、又は設備を設けて客に飲食させる営業のことです。一般食堂、料理店、すし屋、そば屋、旅館、仕出屋、弁当屋、レストラン、カフェ、バー、キャバレーの他、居酒屋やスナック・ラウンジなど、酒食を提供する場合も含まれます（法律上は、酒類以外の飲物や茶菓を客に飲食させる営業は**喫茶店営業**として飲食店営業と区別しています）。

　飲食店営業と喫茶店営業は法律上、調理業に分類されており、立ち食いそば屋から高級レストランまで、業種や扱う商品はさまざまですが、一般的な営業施設（固定店舗）で営業する点で共通しており、どの業種であっても営業許可手続きは基本的に同じです。

■■ 許可の可否と関連の営業許可

　営業施設で営業する飲食店や喫茶店は、当然ですが衛生的でなければなりません。そのため、食品や調理器具など、一定の基準をクリアし、飲食店営業許可を取得する必要があります。申請先は出店地管轄の保健所です。なお、午前0時から午前6時までに営業する酒類提供を伴った飲食店の場合、飲食店営業許可申請だけでなく深夜酒類提供飲食店営業届出を管轄の警察署生活安全課に行う必要があります。これらの判断は、アルコール飲料の提供がメインの営業かどうかで決まります。

■■ 飲食店営業許可申請手続きと提出書類

　通常の飲食店・喫茶店であれば、特に資格がなくても開業することはできます。ただし、営業者は施設ごとに**食品衛生責任者**を置く必要があります。食品衛生責任者に就任できるのは、主なものとして、①調理師、栄養士、製菓衛生師などの有資格者、②都道府県知事の指定する食品衛生責任者養成講習を終了した者、が挙げられます。

　許可申請までの手続きの流れは、以下のようになります。

① 施設工事着工前に、設計図を持参して所管の保健所に事前相談に行きます。受水槽や井戸水を使用する場合は、水質検査を受けておきます。
② 申請書などの書類を作成します。また、食品衛生責任者についても決定します。
③ 手数料と共に申請書・添付書類を提出し、書類審査を受けます。提出日については事前に保健所と相談すべきですが、工事完成予定日の約10日前には提出できるようにしておくのが理想です。
④ 現場で施設検査を受けます。
⑤ 所管の保健所で、「営業許可証」が交付されます。営業許可証が交付されるまでの期間は、保健所ごとに異なりますが、2～10日

程度の日数を要します。
⑥　営業を開始できます。営業許可証や食品衛生責任者の名札は、施設の見やすい場所に提示しておきます。

　提出書類については、以下の書式を提出し、手数料を支払います。都道府県によって異なることがあるので、事前に問い合わせておきましょう。
・営業許可申請書（64ページ）
・営業設備の大要（業種数＋1枚、65ページ）
・営業設備の配置図（業種数＋1枚、66ページ）
・食品衛生責任者の資格を証明するもの
・法人登記事項証明書（申請者が法人の場合）
・水質検査成績書（貯水槽を使用する場合で1年以内のもの。水道水を利用する場合は不要）

■■営業許可を受けられないケースや処分を受けるケース

　食品衛生法上の許可は、一定の基準が満たされていれば、原則として下りることになっています。

　しかし、欠格事由といって、申請者が以下の事項に該当する場合は、営業許可が受けられないことがあります。自分がこれらに該当していないか、点検してから事業計画にとりかかりましょう。
①　食品衛生法または同法に基づく処分に違反して刑に処せられ、その刑の執行を終わるか、執行を受けることがなくなった日から2年間を経過していない。
②　食品衛生法の規定に違反するなどして許可が取り消されて、その取消の日から2年間を経過していない。

　また、営業許可が下り、無事に営業を始められたとしても、その後に食品衛生法に違反する事実が発覚してしまうと、営業停止や営業許可の取消しなどの処分（行政処分）を受けてしまう場合があります。

食品衛生法の違反は、保健所による監視・指導、または第三者からの通報などによって、施設に立入り検査が行われた際に発覚します。なお、行政処分を受けた場合は、必ずその内容に従わなければなりません。行政処分にはさまざまな種類があります。たとえば、商品の回収命令や、違反者情報の公表などが挙げられます。違反行為が悪質な場合などには、営業停止や営業許可の取消しなどの処分を受けることもあり、その後の営業を続けることが難しくなってしまう場合もあります。

■ 食品衛生法や都道府県条例の許可が必要な業種

法許可業種
①飲食店営業、②喫茶店営業、③菓子製造業（パン製造業を含む）、④あん類製造業、⑤アイスクリーム類製造業、⑥乳処理業、⑦特別牛乳搾取処理業、⑧乳製品製造業、⑨集乳業、⑩乳類販売業、⑪食肉処理業、⑫食肉販売業、⑬食肉製品製造業、⑭魚介類販売業、⑮魚介類せり売営業、⑯魚肉ねり製品製造業、⑰食品の冷凍又は冷蔵業、⑱食品の放射線照射業、⑲清涼飲料水製造業、⑳乳酸菌飲料製造業、㉑氷雪製造業、㉒氷雪販売業、㉓食用油脂製造業、㉔マーガリン又はショートニング製造業、㉕みそ製造業、㉖醤油製造業、㉗ソース類製造業、㉘酒類製造業、㉙豆腐製造業、㉚納豆製造業、㉛めん類製造業、㉜そうざい製造業、㉝缶詰又は瓶詰食品製造業、㉞添加物製造業
条例許可業種
①漬け物製造業、②製菓材料等製造業、③粉末食品製造業、④そう菜半製品等製造業、⑤調味料等製造業、⑥魚介類加工業、⑦食料品等販売業（自動車による販売も含む）、⑧液卵製造業、⑨弁当等人力販売業
届出で行うことができる業種
①臨時出店、②菓子（行商）、③アイスクリーム店（行商）、④魚介類及びその加工品（行商）、⑤豆腐及びその加工品（行商）、⑥ゆでめん類（行商）

※食品衛生法施行令及び東京都食品製造業等取締条例を基に作成。
※法許可業種の①、②、③、⑩、⑫、⑭については自動車営業も含む。また、①及び③については移動販売と臨時販売も含む。

書式1　営業許可申請書（新規）

文　書　番　号				
1	2	3	4	5

平成〇〇年　〇月　〇日

〇〇区保健所長　あて

郵便番号　〇〇〇-〇〇〇〇　　電話番号　03-〇〇〇-〇〇〇〇

住　所　東京都〇〇区〇〇町〇丁目〇番〇号

氏　名（フリガナ　コウノ　イチロウ）　甲野　一郎

明・大・㊄　〇〇年　〇月　〇日　生

（法人の場合は、法人の名称、主たる事務所の所在地及び代表者の氏名）

注・申請者は右の太線の中だけ記載して下さい。

営業許可申請書（㊂・継続）

食品衛生法第52条第1項の規定により次のとおり申請します。

営業所の所在地	〇〇区〇〇町〇丁目〇番〇号大江戸ビル1階102号 電話番号　03-□□□□-□□□□		
営業所の名称等	Lounge　NAKANO		
営業設備の大要	別紙のとおり		
許可番号及び許可年月日	営業の種類	備　考	
1　　　　号 　　年　月　日	飲食店営業		
2　　　　号 　　年　月　日			
3　　　　号 　　年　月　日			
4　　　　号 　　年　月　日			
5　　　　号 　　年　月　日			

申請者の欠格事項	(1) 食品衛生法又は同法に基づく処分に違反して刑に処せられ、その執行を終わり、又は執行を受けることがなくなった日から起算して2年を経過していないこと。	なし
	(2) 食品衛生法第54条から第56条までの規定により許可を取り消され、その取消しの日から起算して2年を経過してないこと。	なし

（注意）　1　許可番号の欄は、継続許可の場合に、現に受けている許可の番号及び年月日を記載してください。
　　　　　2　申請者（法人にあっては、その業務を行う役員を含むものとする）の欠格条項の欄は、当該事実がないときは「なし」と記載し、あるときはその内容を記載してください。
　　　　　3　継続許可の場合には、営業所の名称の記載及び営業設備の大要の添付は不要です。

営業の種類	飲食店営業	資格	栄・調・製・食鳥・船舶・食管・㊅養講・補講・その他（　）
食品衛生責任者	甲野　一郎		H〇〇年　〇月　〇日　　第〇〇〇〇号
営業の種類		資格	栄・調・製・食鳥・船舶・食管・養講・補講・その他（　）
食品衛生責任者			年　月　日　　第　　　号

保健所収受印	料金収納済印	手数料印

書式2　営業設備の大要

営業設備の大要

施　　設	設　　備	内　　　容
建築様式		(鉄骨、鉄筋コンクリート)・ブロック・石造・煉瓦・木造モルタル・附属建物がそれ以外・その他
面　　積		調理場又は作業場　〇〇.〇〇 m²　客席　〇〇.〇〇 m²
調理場作業場又は販売場	床	(コンクリート)・厚板・タイル・石材・金属板
	内　壁	床から1メートルまで(コンクリート)・タイル・厚板・金属板
	天　井	板張・合成合板・(コンクリート)・金属板・その他
	防虫・防そ　窓	金網張・(合成樹脂製網張)
	出入口	金網張・(合成樹脂製網張)・自動開閉とびら
	排水口	金網張・(鉄格子(鉄製目皿))
	換　気	自然換気・(動力換気)
	ばい煙等の排気	天がい（フード）・(電気ファン)・高窓（湯気ぬき）
	採光・照明	自然・(人工)
	給　水	(水道)・(直結)・貯水槽　　官公立衛生試験機関の証明 井戸・その他　　　　　　平成〇〇年〇月〇日
	排　水	公共下水へ連絡
	従事者専用手洗	(流水受そう式)　消毒装置
	熱　源	(ガス)・(電気)・石油・石炭・蒸気
	食器具の殺菌	殺菌設備　(有)・無　煮沸・(熱湯)・蒸気・薬物・乾熱
	温度計	(調理場)・作業場　　　有　冷蔵庫　　　　　有
	冷　蔵	タイル・(コンクリート)・木製で機械使用・(電気冷蔵庫)・木製で氷使用
	洗　浄	自動洗浄機　(有)・無（　1　）槽
	格　納	(食器具戸棚)・(容器包装戸棚)・(製品戸棚) (原料戸棚)・添加物戸棚
	廃棄物容器	(合成樹脂製)・金属・ほうろう引でふたのあるもの
	機械器具類	給湯設備
客室(室)	換　気	自然換気・(動力換気)
	採光・照明	自然・(人工)
倉　庫	防虫・防そ	(金網張)・ねずみ返し
更衣室		(更衣室)・更衣箱
便　所	様　式	(水洗式)・簡易水洗式・汲取式
		調理場・作業場からの距離　　　　　〇.〇 m
	防虫・防そ	金網張・(合成樹脂製網張)
	手　洗	(流水受そう式)　消毒装置
その他参考事項	取扱食品の種類	ビール、焼酎、日本酒、洋酒等の酒類、おつまみ類、くだもの
	従事者数	〇名　家族従事者　〇名　男　〇名 　　　使用人　　　〇名　女　〇名
	電話番号	03　（〇〇〇〇）局〇〇〇〇番

記載方法　・該当事項を〇で囲み、該当以外は空欄に記載すること。
　　　　　・インク又はボールペンでお書きください。

書式3　営業設備の配置図

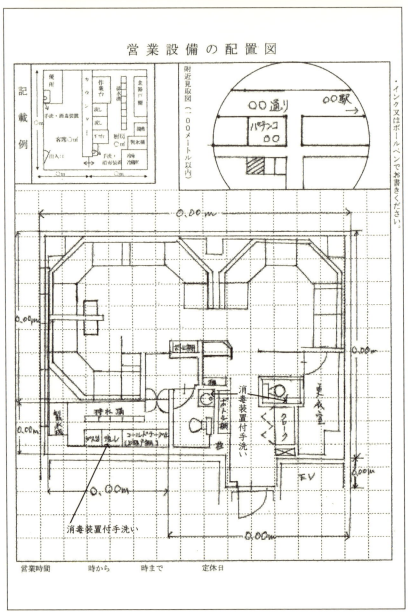

2 営業設備の基準について知っておこう

衛生上の問題が生じないように条例などで基準が定められている

■■ 営業施設の共通基準について

　飲食店では、衛生面の観点から営業施設は一定の基準を満たしていなければなりません。施設の基準は各都道府県の条例で定められていますが、おおまかなところではそれほどの違いはありません。本書では東京都の食品衛生法施行条例に基づく基準を挙げておきます。なお、食品衛生法に基づく営業許可は、飲食店営業の他にも菓子製造業など30種類以上ありますが、いずれも食品を扱う以上、共通して備えていなければならない営業施設の基準が存在します。以下の内容は、全業種に共通して要求されている施設基準です。その他飲食店に特に要求されている基準が詳細に定められていますので、保健所との事前相談までに確認するようにしましょう。

■■ 営業施設の構造についての基準

　建物の構造について、以下のように細かく基準が定められています。
① 　場所は清潔な場所に位置していなければなりません。
② 　建物は、鉄筋、鉄筋コンクリート、石材、木造モルタル、木造作りなど、耐久性が十分な構造でなければなりません。
③ 　区画については、それぞれの使用目的に応じて、施設を壁、板など適当なもので区画します。
④ 　面積は、取扱量に応じた広さを確保します。
⑤ 　施設の床は、タイル、コンクリートなど耐水性があり、排水がよく清掃しやすい構造でなければなりません。
⑥ 　施設の内壁は、床から少なくとも１mまでは、耐水性材料又は厚

板で腰張りし、清掃しやすい構造でなければなりません。
⑦　施設の天井は、清掃しやすい構造とします。
⑧　施設の明るさは、50ルクス以上とします。
⑨　換気に関して、施設にばい煙、蒸気などの排除設備を設けます。
⑩　施設の周囲の地面は、耐水性材料を使って舗装し、排水がよく、清掃しやすい状態にします。
⑪　防除設備として、ねずみや虫などの防除設備を設けます。
⑫　洗浄設備として、原材料、食品、器具、容器類を洗浄するのに便利かつ十分な大きさの流水式の洗浄設備と従業者専用の流水受槽式手洗い設備と手指の消毒装置を設けます。
⑬　更衣室は、作業場の外に清潔な更衣室又は更衣箱を設けます。

■■食品取扱設備についての基準

調理に必要な器具や設備は、以下の基準を満たす必要があります。
①　器具などの整備は、取扱量に応じた数の機械器具と容器包装を備えます。
②　器具は、作業に便利で清掃と洗浄がしやすい位置に配置します。
③　保管設備として、原材料、食品、添加物、容器包装を衛生的に保管できる設備を設けます。
④　食品に直接接触する機械器具などは、耐水性で洗浄しやすく、熱湯、蒸気、殺菌剤などで消毒できるものとします。
⑤　必要に応じて、防虫、防じん、保冷装置のある清潔な食品運搬具を備えます。
⑥　冷蔵、殺菌、過熱、圧搾などの設備には、見やすい個所に温度計と圧力計を備え付けます。また、必要に応じて計量器も備えます。

■■給水及び汚物処理

衛生管理は徹底し、以下のような設備を設けます。

① 給水設備は、水道水又は公的に飲用に適していると認められた水を、豊富に供給することができるものでなければなりません。ただし、鳥しょなどで、飲用に適した水が、土地その他の事情により得られない場合には、ろ過や殺菌などの設備を設けます。
② トイレは、作業場に影響のない位置・構造にして、従業者の数に応じた数を設けます。そして、使用に便利なものとして、ねずみや虫の侵入を防止する設備を設けます。
③ 廃棄物容器は、耐水性があり、十分な容量のある清掃しやすいものとします。また、ふたつきで、汚臭、汚液の漏れないようにします。
④ 清掃器具の格納設備として、作業場専用の清掃器具と格納設備を設けます。

■ 飲食店の開業と求められる営業設備

		飲食店の営業に必要な設備基準（特定基準）
①	冷蔵設備	食品を保存するために、十分な大きさをもつ冷蔵設備を設けること。
②	洗浄設備	・洗浄槽は、2槽以上とすること。 ・自動洗浄設備のある場合、または、食品の販売に付随して販売所の施設内の一画に調理場の区画を設け簡易な調理を行う場合で、衛生上支障ないときは2槽以上なくてもよい。
③	給湯設備	洗浄及び消毒のための給湯設備を設けなければならない。
④	客席	・換気設備を設けなければならない。 ・明るさは、10ルクス以上とすること。 ・食品の調理のみを行い、客に飲食させない営業については、客室・客席は必要ない。
⑤	客用便所	・客の使用する便所がなければならない。 ・客に飲食させない営業については、客用便所は必要ない。 ・客の使用する便所は、調理場に影響のない位置・構造でなければならず、使用に便利で、ねずみ族・昆虫等の侵入を防止する設備を設けなければならない。 ・専用の流水受槽式手洗い設備がなければならない。

※東京都『食品衛生法施行条例』を基に作成。自治体に応じて、若干、基準が異なる場合がある。

3 食品衛生法と食品衛生責任者について知っておこう

営業店舗には食品衛生責任者を置く必要がある

■■ 食品衛生法とはどんな法律か

　食品衛生法とは、食品の安全を守るために、衛生上、必要な規制をすることで、飲食によって起こる食中毒などの発生を防止して、国民の健康の保護を図ることを目的とした法律です。食品や添加物などの基準や、表示方法、検査方法などについて、原則となるルールを定めています。

　また、食品衛生施行令、食品衛生法施行規則や告知、通知等によって、食品別の製造方法や保存方法についてのさまざまな定めが置かれています。表示についての食品表示法や食品の種類によって衛生規範といったルールもあります。その他、各都道府県の条例によっても多くの定めが置かれています。

　このように、食品についての規定は多岐にわたり、非常に複雑で、すべての規定を完全に把握することは難しいのが実情ですが、必要な規定を見落とさないよう、十分注意することが必要です。

■■ 食品衛生責任者とは

　飲食物を扱って営業する以上、衛生面に対しては最大限の配慮が必要になります。営業者は食品衛生責任者を許可施設ごとに置かなければなりません。食品衛生責任者とは、その営業施設で衛生管理を行う者のことで、施設と食品の衛生管理、従業員の衛生面での教育を担う立場にある者です。食品衛生責任者については、各都道府県の条例で定められており、食品衛生責任者に就くには、それなりの資格を有していることが必要です。食品衛生責任者の設置には、次の2通りの方

法があります。

① **食品を取り扱える資格に基づき設置**
　東京都の場合、調理師、栄養士、製菓衛生師、食鳥処理衛生管理者、船舶料理士と畜場法に規定する衛生管理責任者もしくは作業衛生責任者、食品衛生管理者もしくは食品衛生監視員になることができる資格を有する者、が食品衛生責任者に就任できるとしています。

② **食品衛生講習会の受講経験に基づき設置**
　前述の資格を有さない場合でも、食品衛生に関する講習会を受講する方法があります。無資格者が独立開業する場合は、この方法が最も手っ取り早いといえます。講習会は、保健所の所長が実施します。詳しくは、管轄の保健所に問い合わせてみましょう。
　たとえば、東京都では知事の指定を受けた「一般社団法人東京都食品衛生協会」が食品衛生責任者養成講習会を開催しています。以下では東京都における講習会を受講する場合の例を取り上げます。

・申込
　受講申込は、申込書に必要事項を記入して協会宛てに郵送します。申込書は協会本部の他、各保健所に備えられています。また、ホームページからダウンロードすることも可能です。会場は、都内各所に設けられています。月に10回ほど開かれているので、受講に不便はあまりないでしょう。申込の段階で希望する受講会場と日時を選びます。期日が迫るほどすぐに満員になってしまうので、開業予定日を考えて、早めに申し込むようにしましょう。

・受講
　受講費は教材費込みで1万円です。受講の当日に納付します。受付時間は9時から9時30分です。受講時間は全部で6時間です。時間は午前9時45分から午後4時30分までです。時間割は衛生法規2時間、公衆衛生学1時間、食品衛生学3時間の計6時間です。修了すると受講修了証（食品衛生責任者手帳）が交付されます。

4 風俗営業の許可が必要になる場合もある

風俗営業に該当する場合、警察への許可申請が必要になる

■■ 風俗営業としての許可が必要になる場合もある

　世間一般では、「風俗産業」と呼ばれている事業があります。
　いわゆる18歳未満お断りの世界ですが、風俗営業法（風営法）上は、風俗営業と性風俗営業とに分けられていて、風俗営業は、法律上、都道府県公安委員会の許可を必要とします。一定の要件を満たしていないと許可されず、開業できない反面、許可の要件を満たせば、許可は原則として下りることになります。
　これに対して、性風俗営業は、許可制ではなく届出制となっています。つまり、ただ届出さえすればよく、届出がある以上行政庁は必ず受理しなければなりません（この点が許可と届出の決定的な違いです）。
　飲食店の開業という観点からは風俗営業など無縁とも思われますが、飲食の提供形態によっては、犯罪の予防や健全な風俗の維持などのために風営法の許可が必要とされています。たとえば、客に接待をするガールズバー営業の許可、キャバクラ営業の許可、高級クラブ営業の許可といった場合です。許可の権限を有しているのは都道府県の公安委員会ですが、窓口になるのは警察署です。結局、飲食を提供して客に接待をするガールズバー営業などでは保健所を窓口とする飲食店営業許可とあわせて風営法の許可申請が必要になります。

■■ どんな場合に問題になるのか

　許可制が採用されている風俗営業ですが、風営法上は、5つの種類に分類されており、以下のようにそれぞれが「○号営業」と呼称されています（本書では平成28年6月23日から施行されている改正風営法

に基づき分類しています)。飲食店営業とも関わりが深いものについて以下見ていきましょう。

・1号営業

キャバレーなど社交飲食店等が1号営業に該当します。1号営業の特徴は「接待」+「遊興又は飲食」という形態である点です。接待とは、歓楽的雰囲気を醸し出す方法により客をもてなすことをいい、具体的には、客に同席して歓談したり、一緒にカラオケを歌ったりする行為を意味します。

改正前の風営法上の「キャバレーその他設備を設けて客にダンスをさせ、かつ、客の接待をして客に飲食をさせる営業(旧1号営業)」と「待合、料理店、カフェ、その他設備を設けて客の接待をして客に遊興又は飲食をさせる営業(旧2号営業)」が改正風営法上の1号営業に統合されることになりました。

・2号営業

喫茶店、バーその他設備を設けて客に飲食をさせる営業で、「国家公安委員会規則で定めるところにより計った営業所内における照度を10ルクス(ルクスとは照度の単位のこと)以下として営むもの(低照度飲食店)」を2号営業と呼びます。

■ 風俗営業許可申請手続きの流れ

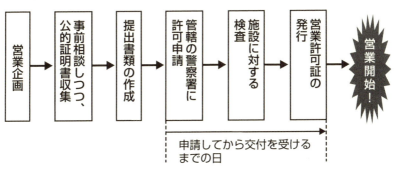

第3章 ◆ 許認可の法律知識

改正前の風営法上の「旧5号営業」がベースになっていますが、「旧3号営業」であった「客にダンスをさせ、かつ、客に飲食をさせる営業」のうち、照度10ルクス以下として営むものも、2号営業に含まれることになりました。

・3号営業

喫茶店、バーその他設備を設けて客に飲食をさせる営業で、他から見通すことが困難であり、かつ、その広さが5㎡以下である客席を設けて営むものを3号営業と呼びます。改正前の風営法（旧6号営業）の内容を引き継いでいます。

■■風営法が改正された

平成28年6月23日から「設備を設けて客にダンスをさせる営業（ダンス営業）」の規制のあり方を見直すことが主な目的とする風営法の改正法が施行されました。一般的な飲食店など純粋な飲食店営業であればあまり関係はありませんが、ダンスやクラブの業界では深夜営業（午後0時～翌午前6時）が可能になったことも相まって「ダンスフロアの夜明け」と謳われています。

改正の中心は、①風俗営業の「ダンス飲食店、ナイトクラブ（旧3号営業）」「ダンスホール（旧4号営業）」の許可区分が廃止された（風営法の条文からダンスの文言を削除）ことと（次ページ図参照）、②**特定遊興飲食店**という許可区分が新設され、廃止された許可区分の一部を引き継ぐとされた点です。

これらを整理すると、「客にダンスをさせ、かつ、客に飲食をさせる営業（旧3号営業）」のうち、照度10ルクス以下として営むものを改正後の2号営業とし、照度10ルクス以上として営むものを特定飲食店営業又は通常の飲食店営業（風営法の規制対象外）に分類します。

特定遊興飲食店営業は、平成28年6月23日施行の改正風営法に新設された風俗営業で、深夜営業（午前0時～翌午前6時）の時間帯にナ

イトクラブその他設備を設けて客に遊興をさせ、かつ、客に酒類を提供して飲食をさせる営業をいいます。

なお、旧5号営業では照度10ルクス以下の基準が「客席」となっていましたが、改正後は「営業所内」に変更されています。

そして「ダンスホールその他設備を設けて客にダンスをさせる営業（旧4号営業）」については完全に風営法の規制対象外とされました。

以上により、飲食を伴わないダンス営業と、飲食を伴ったとしても、深夜営業を行わない場合のダンス営業については、風営法上の許可を取得することなく、ダンス営業をすることが可能になりました。

飲食店が性風俗特殊営業の規制で気をつけるべき点

性風俗営業についても、風俗営業と同様、営業態様によって分類さ

改正前後の風俗営業の区別と特徴

改正前		改正後		
1号営業	キャバレー 大規模なショーパブ	1号営業	キャバレー 大規模なショーパブ キャバクラ ラウンジ、料亭	接待 ＋ 遊興 or 飲食
2号営業	キャバクラ ラウンジ、料亭			
3号営業	ナイトクラブ ディスコ	10ルクス以上→特定遊興飲食店営業 10ルクス以下→2号営業		
4号営業	ダンスホール	規 制 対 象 外		
5号営業	照度10ルクス以下の喫茶店、バー	2号営業	照度10ルクス以下の飲食店、ナイトクラブ等	低照度 ＋飲食
6号営業	見通し困難かつ客席の広さ5㎡以下の喫茶店、バー	3号営業	見通し困難かつ客席の広さ5㎡以下の飲食店	見通し ＋ 飲食
7号営業	マージャン屋 パチンコ屋	4号営業	マージャン屋 パチンコ屋	遊技方法が射幸心
8号営業	ゲームセンター	5号営業	ゲームセンター	遊技設備が射幸心

れています。性風俗営業のうち店舗型性風俗特殊営業は6種類に分類されており、その1つに6号営業（出会い系喫茶）があります。

通常であれば、飲食店を経営する場合に、性風俗特殊営業の規制は無縁なように思います。しかし、6号営業の出会い系喫茶はどちらかというと飲食店に近い営業形態です。

したがって、通常の飲食店営業だけでなく、以下のような要件に該当する場合は、性風俗特殊営業の6号営業許可が必要になります。

① 店舗を設けている
② 面識のない異性と一時的な性的好奇心を満たすための交際目的
③ 店舗内で取次ぎや面会の機会を提供している。

これらに該当すると、出会い系喫茶の営業となり、通常の飲食店の規制（施設要件など）だけでなく、都道府県の条例で定める禁止区域での営業禁止等が該当します。

また、近年「相席居酒屋」や「婚カツ居酒屋」というような飲食店営業が流行しています。女性の顧客は無料で飲食できるのに対して、男性が時間性でチャージ料を支払うというものです。これは前述の要件に照らしても②の要件に該当しにくいため、現在のところ無許可営業として取り締まり対象にはなっていないようです。一方で仮に店側がサクラとして女性を手配していれば、通常の風俗営業（1号営業の社交飲食店）に該当しますので、注意が必要です。

■ 居酒屋などで午前0時以降も営業する場合

風営法は、一部の業種を除いて原則として風俗業と性風俗業の営業時間を午前6時から午前0時に制限しています。つまり、「接待」を行う風俗営業や性的サービスを施す性風俗業は、基本的に午前0時以降営業できません。

しかし、逆にいえば風俗・性風俗業には該当しないものの酒食を提供する居酒屋のような業種であれば、午前0時以降も営業できます。

このように、深夜（午前0時から午前6時まで）に主に酒類を提供することを営業内容とする飲食店を**深夜酒類提供飲食店**といいます。

深夜酒類提供飲食店を経営する場合、営業所を管轄する公安委員会に深夜酒類提供飲食店営業の届出をしなければなりません。

「深夜酒類提供飲食店営業」は、「風俗営業」と似て非なる概念です。風俗営業との違いは、「接待」ができない点にあります。そうすると、たとえばガールズバーについては、多くのガールズバーは客席に同席こそしないものの接待を行っていると考えられるため、社交飲食店（1号営業）として風俗営業に該当する可能性があります。

なお、風俗営業の許可を得てさらに深夜酒類提供飲食店営業の届出をすれば0時を回っても営業できるようにも思えますが、これを認めてしまうと、「深夜の風俗営業はできない」という規制が骨抜きになってしまうため、実際のところ、これまでこのような営業は認められていません。

■ 特定遊興飲食店と飲食店営業との違い

特定飲食店営業と通常の飲食店営業の違いは深夜で遊興と酒類を提供するか否かです。つまり、歌、ダンス、ショウ、演芸、映画等を見せる行為を行うとしても、その営業が午前6時～午前0時の間に止まるのであれば、通常の飲食店営業許可のみで可能です（条件により興行場営業許可は必要）。

遊興の考え方について、警察庁の通達では「お店側の積極的な働きかけにより、客に遊びを興じさせる場合」を指すとされており、具体的には、①不特定多数の客に歌、ダンス、ショウ、演芸、映画等を見せる行為、②生バンドの演奏を不特定多数の客に聴かせる行為、③不特定多数の客が参加する遊戯・ゲーム・競技等を行わせる行為が示されています。

5 申請事項の変更をする場合の手続きは必要なのか

レイアウト等の変更については変更手続きが必要になる

■■ 飲食店営業許可に関する手続き

　飲食店営業許可に関わる事項に変更が生じた場合や、営業許可を継続する時など、さまざまな手続きが必要になります。

・営業許可申請事項変更届（80ページ）

　申請者の氏名、名称や住所など営業許可申請書や、営業設備の大要などに記載した内容に変更が生じた場合、その旨の届出をしなければなりません。提出時期については都道府県により異なります。

　具体的には、以下の①～⑤の変更があったときに届け出ますが、括弧内の添付書類（必要部数は事前に問い合わせておく）と「営業許可証」も持参します。ただし、地域によって事情が異なることもあるので、どのような事項に変更が生じると変更届を出す必要があるのか、確認することが大切です。

　なお、最後の施設・設備の一部変更ですが、程度によっては新規の許可申請が必要になることもありますから、事前に保健所に図面を持参の上、相談しましょう。

① 営業者の改姓（戸籍抄本）
② 営業者個人の住所変更（住民票。ただし不要の場合もある）
③ 法人の商号、主たる事務所の所在地、代表者、組織の変更（登記事項証明書）
④ 営業所の名称・屋号の変更
⑤ 施設・設備の一部変更（変更前後の施設平面図、変更後だけの施設平面図の場合もある。詳細は問い合わせておく）

■■ 風俗営業許可に関する手続き

　風俗営業においても許可がおりた後に許可事項を変更したときは、その旨を申請しなければなりません。

① **変更承認申請**

　営業施設の増改築を行う場合のように、当初、許可を受けた時から、大規模な構造や設備の変更を行う場合、事前に公安委員会（警察署）の承認を受ける必要があります。また、料亭をラウンジに変更するといった「営業の方法」を変更するような場合も同様に事前に承認を受ける必要があります。申請手数料は11,000円です。

　申請が受理されると工事に着手することができ、工事完了後は公安委員による検査が行われます。ただし、変更が軽微な場合には、③の届出だけですみます。判断に迷うときは、管轄の警察署に図面を持参して相談しておきましょう。

② **変更届出**

　次のような軽微な変更が生じた場合には、「変更届出書」を提出します。
・営業所の構造や設備の軽微な変更（1か月以内に届出）
・経営者の氏名（法人は法人名）や所在地、法人の代表者の氏名（20日以内に届出）
・法人の役員の氏名や住所（20日以内に届出）
・営業所の名称や所在地（10日以内に届出）
・管理者の氏名と住所（10日以内に届出）
・照明設備、音響設備、防音設備などの軽微な変更（10日以内に届出）

　なお、風営法10条の2に規定されている特例風俗営業者の認定を受けると、増築、改築その他の行為による営業所の構造または設備の変更（内閣府令で定める軽微な変更を除く）をしようとするときでも、あらかじめ都道府県公安委員会の承認を受ける必要はありません（認定を受けるためには、以下の要件を満たすことが必要です）。

書式4　営業許可申請事項変更届

主管課長	主査	担当者

平成○○年　○月　○日

○○区　保健所長　殿

届出者　郵便番号　○○○-○○○○
　　　　住　所　東京都○○区○○町○丁目○番○号
　　　　電話番号　○3-○○○○-○○○○

フリガナ　コウノ　イチロウ
氏　名　**甲野　一郎**

昭和○○年　○月　○日生

（法人の場合は、その名称、主たる事務所の所在地及び代表者の氏名）

営業許可申請事項変更届

下記のとおり｛住所・氏名／営業所の名称、屋号又は商号／営業設備の大要｝を変更したので、食品衛生法施行規則第71条の規定により届け出ます。

記

営業所の所在地	東京都○○区○○町○丁目○番○号大江戸ビル1階102号　電話番号　03-□□□□-□□□□		
フリガナ 営業所の名称等	ラウンジ　ナカノ Lounge　NAKANO		
許可番号及び許可年月日	営業の種類	備　考	
1	第□□□□号　□□年　□月　□日	飲食店営業	
2	第　　　　号　　　年　　月　　日		
3	第　　　　号　　　年　　月　　日		
4	第　　　　号　　　年　　月　　日		
5	第　　　　号　　　年　　月　　日		
変更年月日	平成△△年△△月△△日		
変更内容	変更事項	営業設備の大要	
	変更前	別紙「旧新設備平面図」のとおり	
	変更前	別紙「新設備平面図」のとおり	
備　　考			

（注意）　1　字は、インク等を用い、かい書ではっきり記載してください。
　　　　2　変更事項を明らかにする関係書類を添付してください。
　　　　3　営業施設の変更の場合は、設備の平面図を添付し、変更の部分を朱筆してください。

許可書　記載済	台帳　記載済

第4章

従業員を雇った場合の法律知識

1 人材募集の手段や注意点について知っておこう

従業員に仲介してもらう際には注意が必要

■ 人を採用するにはお金がかかる

　採用によってかかるお金は、給与明細に掲載される、目に見えるものだけではありません。従業員自身に直接支払うわけではなくても、人を採用することによって、さまざまな経費がかかります。

　まずはスタッフの給料です。すぐに思い浮かぶのは労働の対価としての給料ですが、スタッフに支払っているのがそれだけではありません。具体例として、①社会保険料、②通勤交通費、③賞与・寸志など、④手当（住宅手当や家族手当）などがあります。

　この他、採用の際には、採用担当者に対する人件費がかかります。また、書類審査で不採用になった人の履歴書を返送するなど、細かい経費がかかってきます。さらに、採用後には、給与計算をはじめ、社会保険の手続や勤怠管理、評価などを行う人事担当者が必要になります。研修や教育に携わる担当者も必要になり、人件費がかかります。また、採用した人がすぐに辞めるなど、補充の人員を採用しなければならない場合、再度採用のための経費がかかります。

■ 人材募集のルート

　求人情報を出す方法としては、①知人からの紹介、②店頭掲示・チラシのポスティング、③新聞・求人雑誌、④折り込みチラシ・フリーペーパー、⑤求人サイト・転職サイト、などがあります。民間の会社を利用する場合、登録料や掲載料という費用がかかります。

　どんな人材を求めているかによって募集ルートを使い分けると、効率良く必要な人材にめぐり会うことができます。ハローワークにおい

ても、無料で求人情報を出すことができますが、あらかじめ社会保険（健康保険・厚生年金）、労働保険（雇用保険・労災保険）へ適正に加入しておくことが必要です。なお、転職サイトについては、現在無職で次の仕事を探しているという人だけでなく、実務経験者も多いので、即戦力を求める場合などに活用すると有効でしょう。

■■ ホームページ上でスタッフを募集する方法もある

ハローワークの求人票や求人情報誌といった限られたスペースでの求人広告では、書ける情報は限られています。そこで、「書くスペースがない」「費用がかかりすぎる」「見てほしい人に見てもらえない」「新しい情報を出すのに時間がかかる」など、既存のツールが持っている問題点を解消してくれる求人広告のツールが、お店のホームページです。ホームページであれば、常に最新の情報を、今まさに仕事を探している人に対して提供することができます。

■■ 求人広告では採用基準をはっきりさせる

求人広告を出す際には、どういう人を採用するのかを決めておかなければなりません。まずは採用基準を定めましょう。

基本的には、業務内容を示して、どのような人材を求めているのかを明らかにします。大切なことは、その飲食店が採用したいと思うような求職者に、たくさんの求人広告の中から、「ここで働きたい」と思ってもらえるような魅力ある求人広告を作ることです。そのためには、お店の特長や雰囲気など、労働条件以外の情報についても積極的に伝える必要があります。

■■ その他、人材募集の際に気をつけること

飲食店において、求人募集を広告等によって行っても、なかなか人が集まらず、飲食店全般が深刻な人手不足に陥っています。しかし、

やや強引な手法で、人材を集めることは許されません。たとえば、人材募集の方法のひとつに、従業員の友人などを紹介する場合があります。

このような場合に、従業員に御礼の意味を超えて、人材を連れてきてくれたことに対して金銭を渡す場合があります。しかし、金銭の授受は、「報酬」にあたり、職業安定法によって禁止されています。

求人では、週末限定など特定の曜日や期間に限り働くことができる人材を雇用することも、必要な人材を集めるためには、重要な戦略といえます。また、子育て中の主婦等をいかに人材として活用するのかという点が、人材不足の解消にとって重要な問題になっています。特に乳幼児を抱える主婦は働ける時間が限られていたり、子どもを預けられる施設等が見つからないために、働く機会に恵まれないというケースが多く見られます。そこで、早退・欠勤に柔軟な雇用体制の整備や、スタッフが利用できるベビーシッターサービスを確保するなど雇用環境を整備して、子育てと仕事を両立できる体制作りを行うことで、主婦等の貴重な人材の採用促進を図ることができます。

さらに、近年では外国人労働者の雇用も、人材確保の手段として有効な手段になっています。国内の人出を集めることが困難な現在において、飲食店の中には5割以上の人材が、外国人労働者である飲食店もあるほどです。ただし、就労可能な在留資格（126ページ）を有さない不法就労者等を雇用すれば、重い刑事罰を受けることになりますので、事前に十分な確認が必要です。

■ **人手不足を解消する方法**

```
                          ┌─ 良い人材を採用
                          │
 ┌─────────┐ ─┼─ 必要な期間だけ一時的に採用
 │ 人手不足を    │  │
 │ 解消するには  │ ─┼─ 子育て等と両立できる雇用環境の整備
 └─────────┘  │
                          └─ 外国人労働者の採用
```

2 募集時にはどんなことに気をつければよいのか

労働条件の明示や中間搾取の禁止などの約束事が労働者を守る

■■ 採用選考時の注意点

　採用選考の実施にあたって、企業（飲食店）側が最も気をつけなければならないことは「公正な」採用選考を行うということです。性別や思想、家族状況、生活環境など、応募者の適性・能力とは関係ない事柄を理由に門前払いすることは違法になります。公平を期するためには、期日前の関係書類提出や選考を実施してはいけません。また、提出書類として戸籍や住民票を求めることはできないので注意が必要です。

　その他の注意点としては、個人情報保護の問題があります。個人情報とは、特定の個人であると識別できる情報のことです。採用担当者は、求職者の個人情報を採用のために必要な範囲内で収集・保管・使用し、不採用時は写しも含め的確に返却や破棄をしなければならないため注意が必要です。

■■ 募集活動が男女雇用機会均等法に反しないようにする

　働く人が性別により差別されないようにするため、**男女雇用機会均等法**（雇用の分野における男女の均等な機会及び待遇の確保等に関する法律）が定められています。

　この法律によれば、募集・採用の際に、その対象から男女のいずれかを排除することが禁じられます。また、一定の職務への配置について、その対象から男女のいずれかを排除することも禁止されています。

■■ 履歴書や職務経歴書から読み取れること

　一般的な履歴書には、①作成日、②名前（ふりがな）、③生年月日・

年齢、④性別、⑤住所、⑥電話番号、⑦学歴・職歴、⑧免許・資格、⑨志望動機・趣味・特技・アピールポイントなど、⑩本人希望、⑪写真貼付欄などの項目が用意されています。

　記載内容を見るときに気をつけなければいけないことは、書かれていることがすべて真実かどうかはわからない点です。表面的な記載内容をうのみにせず、注意深く確認しましょう。また、履歴書の内容で特に注目したい項目に、職歴があります。前職の在職期間や次の就職先に移るまでの期間などに注目しましょう。転職・退職の期間が短い場合や、次の就職までかなり間が空いている場合は要注意です。

　一方、職務経歴書は、求職者の職歴をより詳細に記載したものです。職務経歴書を見る場合、まずは転退職の理由がきちんと書かれているか、その内容に矛盾がないかをチェックします。何度も転退職を繰り返している場合、勤務態度が悪い、不正を働いたなどの問題を抱えていることがあるため、注意が必要です。

■■面接の際に聞いてはいけないこととは

　飲食業では接客や調理が業務の中心となり、また同僚同士のコミュニケーションも重要なため、履歴書や職務経歴書だけで、採用すべき人材かどうかを見極めることは困難です。そこで、採用に際しての面接が重要になります。面接では、まず事前情報をもとに応募者に質問をします。回答からさらに質問がある場合には質問を重ね、面接で知っておきたいことを尋ね終えた後、最後に応募者からの質問を受け付けるようにします。

　応募者に聞いてはいけない内容には、思想の自由を妨げるような内容や、一般的にセクハラにあたるとされている質問事項です。質問者自身にその気がなくても応募者側がそのように受け取ればセクハラと判断される場合があるため、十分注意する必要があります。

3 採用時にどんなことに気をつければよいのか

誓約書や身元保証書の提出を促すことが重要である

■ 採用時の提出書類

　採用が決定した従業員に対しては、すぐに入社日や出社時間、出社場所などを通知します。同時に、住民票記載事項証明書や扶養控除申告書などを提出してもらいます。

　住民票記載事項証明書は、住民票に記載された事項の一部を証明するもので個人情報も保護できます。なお、従業員のマイナンバー情報取得のため、個人番号カードや通知カードの提出も求められます。

　転職者の場合は、入社日に年金手帳や雇用保険被保険者証、前の会社などの源泉徴収票を持参するようにお願いしておきましょう。

　また、採用時には、店のルールに則って業務に従事することを約束する「誓約書」と、不正があったときなどには損害賠償などの保証人となることを明記した「身元保証書」などを提出してもらうことが重要となります。

・誓約書

　誓約書は、就業規則やその他の規則を守って業務に専念することを約束する文書で、組織の一員として一生懸命に働くことを誓わせるねらいがあります。

　特に飲食業の場合は店舗での勤務に抵抗を覚える従業員がみられるため、就業場所や異動に関する条項を加えておくとトラブル防止となります。誓約書には、大きな法的拘束力はないものの、署名、押印を要求するため、従業員は精神的な拘束を受け、組織の一員としての自覚を促すことにつながります。

・身元保証書

「身元保証書」は、従業員の保証人と会社の間で交わされる契約書です。会社に対し、その相手が従業員として適性があると推薦すると同時に、会社に損害を与えた場合には金銭的にも保証していくことを約束することです。従業員が独断で親族の名前を記入する場合があるため、身元保証人に対して礼状を送る方法をとると効果的でしょう。

身元保証書には有効期間があり、更新をしないと以後は無効になります。期間は定めを設ける場合は上限5年、設けない場合は3年間です。

■■ 賃金についての条件は必ず書面で明示する必要がある

労働契約は労働者（被雇用者）が使用者に労務の提供をすることを約し、使用者がその対価として賃金を支払う契約です。極端な話、合意だけで契約は成立するものの、合意があればどんな内容の労働契約を結んでもよいことではありません。

労働契約はさまざまな法令の制約を受けます。その中で主な基準となるのは**労働基準法**、労働組合法による**労働協約**、**就業規則**です。これらに違反しない範囲で労働契約は有効になります。

労働基準法では労働者を保護するため、合意内容のうち労働基準法で定める最低基準に満たないものを無効とし、同法に規定された内容がそのまま契約の内容になるとしています（労働基準法13条）。また、さらに労働基準法は、労働者を雇い入れる際に、賃金、労働時間などの重要な労働条件を明確に説明することを義務付けています（労働基準法15条1項）。明示は口頭でも許されますが、そのうち「労働期間、業務内容、就業場所、就業時間、休日、賃金の決定、計算、支払いの方法、締切、支払いの時期」などの一定事項については、書面を交付して明示しなければなりません。

また、パートタイム労働者を雇用する場合には、前述の事項に加え、①昇給の有無、②退職手当の有無、③賞与の有無について、文書あるいは電子メールなどで明示することが必要になります。

4 試用期間について知っておこう

試用期間後の本採用拒否は解雇と同じ

■ 14日以内であれば解雇できる

　飲食店においても、正社員雇用やアルバイトを問わず、**試用期間**を設定することはよくあります。試用期間は採用後の一定の期間（通常は３か月程度）を、人物や能力を評価して本採用の有無を判断するための期間です。試用期間を設けるにあたって注意すべきことは、たとえ「試用期間○か月」と明確に示して雇用契約を締結しても、法律上は本採用の雇用契約と同じように扱われることです。試用期間終了の時点で事業主側が一方的に正式な雇用を断ることは解雇とみなされるため、解雇の手続きを行う必要があります。

　ただ、実際に働かせてみたところ、面接では判別しきれなかった部分に問題があることがわかり、本採用することが難しくなることはあるでしょう。そのため、労働基準法21条では、試用期間中の者を14日以内に解雇する場合は、通常の解雇の際に必要な解雇予告や解雇予告手当の支払いは不要だと規定しています。なお、この「14日」は労働者の労働日や出勤日ではなく暦日でカウントするため、土日や祝日も含まれます。

　試用期間中は解雇権が留保されているため、労働者の地位は不安定です。そのため、不当に長い試用期間を想定することは許されず、また、原則として試用期間の延長は認められません。試用期間の長さは３か月から６か月程度が妥当なところですが、事前に試用期間中の解雇の可能性について従業員に伝えておく方法が効果的です。

■ 試用期間以外の方法もある

　雇用のミスマッチを防ぐために採る手段としては、試用期間の他に契約を２回締結する方法が考えられます。たとえば、まず３か月など短期間の契約で実際に職場に入ってもらい、実務に対する能力やコミュニケーション能力といったことを見きわめます。その期間の満了後に改めて本採用するかどうかを判断します。この場合の短期間契約の種類としては、次のようなものがあります。

① **有期雇用契約**
　求職者と事業主が直接、短期の雇用契約を締結し、本採用するに当たって再度期間の定めのない雇用契約を締結する方法です。

② **紹介予定派遣**
　紹介予定派遣とは、派遣された労働者が派遣先の従業員として雇用されることを予定して実施される派遣労働です。

③ **トライアル雇用**
　就職が困難な求職者を、ハローワーク・紹介事業者等の紹介により雇い入れて試行雇用する制度で、期間は原則３か月です。

■ 試用期間を設定する上での注意点

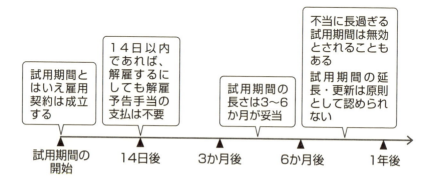

5 労基法上の管理監督者について知っておこう
事業者に雇われていても労働者でない者もいる

■「労働者」の定義は法律によって異なる

　労働者の概念については、各法律に応じて異なり、それぞれ規定が置かれています。たとえば、労働基準法（労基法）では「職業の種類を問わず、事業又は事務所に使用される者で、賃金を支払われる者」、労働組合法では「職業の種類を問わず、賃金、給料その他これに準ずる収入によって生活する者」、また、労働契約法では「使用者に使用されて労働し、賃金を支払われる者」と定めています。つまり、実際に各店舗で雇用されている従業員は、どの定義によっても労働者に該当することになります。

■「使用者」かどうかはどんな基準で決まるのか

　使用者には、労働者を保護する義務があります。一般的に使用者は「経営者」「役員」などの意味で使われていますが、労働基準法でいう「使用者」はそれよりも範囲が広義となります。これは、現実に労働者の権利を左右する立場にある人すべてに労働基準法上の責任を負わせようとするためです。したがって、事業主に雇われている場合でも労働者を指揮・監督する立場にある人は「使用者」扱いとなります。

　労働基準法10条は、使用者を「事業主または事業の経営担当者その他その事業の労働者に関する事項について、事業主のために行為をするすべての者」と規定しています。ただし、役職だけでなく実際にどのような権限があるかを考慮することが大切です。

　一方、労働契約法は使用者について「その使用する労働者に対して賃金を支払う者」と定義しています。また、労働組合法では「集団的

第4章 ◆ 従業員を雇った場合の法律知識

労働関係における労働組合の一方の当事者となる労務・人事の担当者」を使用者と扱っています。労働者の場合と同様に、使用者の概念についても各法律で異なった扱いがなされることに気をつけましょう。

■■ 管理職といえるかどうかの判断基準は

　管理者は、仕事をする上で時間の使い方が任されており、法律で定められている労働時間、休憩、休日の規定は適用されません。労働基準法41条2号では、「監督もしくは管理の地位にある者」とされ、管理監督者と呼ばれています。管理監督者に該当するかは、実際の職務内容、責任と権限、勤務態様、待遇などから総合的に判断されます。

　職務内容と責任、権限からすると、①経営の方針決定に参画する者か、②労務管理上の指揮権限を有する者か、のいずれかを満たしていなければなりません。その上で、出退勤について厳格な規制を受けず、報酬額が管理監督者の地位にふさわしいかで判断されます。その結果、管理監督者に該当しないことが判明した場合は管理者とはいえません。

　したがって、「店長」など、名前に長がついている場合でも、権限がなく賃金などが一般社員と同様で、時間外賃金を払いたくないために「長」の地位を与えられたような者（名ばかり管理職）を、管理者として扱うのは適当ではなく、その者には労働者として時間外賃金の支払いが必要となることがあります。

　名ばかり管理職の問題は、裁判で争われる場合があり、その1つに「日本マクドナルド事件」があります。直営店店長という立場が管理職に該当するのかが争われた訴訟で、結果として店長は管理職にはあたらないという判断がなされました（東京地裁平成20年1月28日）。

　この判決の影響で、チェーン展開する小売業・飲食店などの管理監督者に関する具体的判断基準を整理した「行政通達」が発令されました。その結果、労働基準監督署が小売業・飲食店などの店長職について是正勧告を行うなどの詳細な指導を行うケースが増加しています。

6 労働時間や休憩・休日のルールはどうなっているのか

週40時間、1日8時間の労働時間が大原則である

■ 週40時間、1日8時間が法定労働時間である

　労働基準法では、「法定労働時間（週40時間、1日8時間）を超えて働かせてはならない」という原則があり、これに違反する場合には刑事罰（6か月以下の懲役又は30万円以下の罰金）が科されます。

　また、休憩時間にも定めがあります。使用者は労働者に対し、労働時間が6時間を超える場合は45分、8時間を超える場合は1時間以上の休憩時間を与えなければなりません。休憩時間は労働時間の途中に一斉に与えることが義務付けられていますが、交替で休憩させる場合など労使協定により例外が認められます。

　なお、休憩時間は労働時間ではないため、休憩時間中は労働者を拘束してはならず、自由に利用させる必要があります。たとえば、昼休憩中に電話番をさせる場合は休憩時間にはなりません。

　また、労働時間外の行動についても時間外労働とみなされる場合があり、たとえば飲食店で制服に着替える時間は労働時間とはなりませんが、調理器具の片づけや事前ミーティング時間などは労働時間に該当します。

■ 法定休日とは

　労働基準法は「使用者は労働者に対して、毎週少なくとも1回の休日を与えなければならない」と定めています。なお、変形週休制という、4週を通じて4日以上の休日を与える制度をとることもできます。この場合は、毎週1日の休日を与えることにこだわる必要はありません。

　一方、週休2日制を採用している場合、2日のうち1日は労働基準

法における「法定休日」ではなくなるため、どちらかの日に仕事をさせても違法な休日労働にはならないことを覚えておきましょう。

■ 代休と振替休日の違い

振替休日とは、就業規則などで休日があらかじめ決まっている場合に、事前に休日を他の労働日と入れ替え、労働した休日の代わりに他の労働日を休日とすることです。元々の休日は労働日であるため、入れ替えた労働日は休日労働とはならず、割増賃金は必要ありません。

一方、**代休**は、もともとの休日に出勤させ、使用者がその代償として事後に与える休日です。これは、法定休日に労働させた行為となるため、割増賃金の支払義務が生じます。なお、代休は恩恵的な休日であるため無給でもかまいませんが、就業規則で明示する必要があります。

休日勤務は割増賃金の支払をめぐってトラブルになることがあるため、休日勤務届出書、代休請求願、振替休日通知書などの書面を利用して、労働日数の管理を徹底させるのがよいでしょう。

■ 休憩時間のしくみ

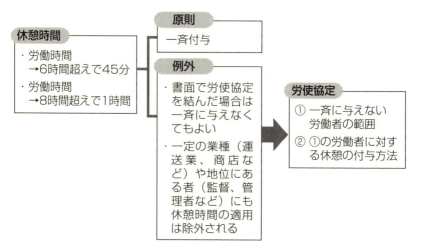

7 変形労働時間について知っておこう

労働時間を合理的に使うことができる

■ 変形労働時間制には３類型ある

　飲食店の中には、「土日だけ忙しい」「月末だけ忙しい」「夏だけ忙しい」など、時期や季節によって繁閑の差が激しい店舗があります。

　このような店舗の場合、忙しい時期は労働時間を長く、逆に暇な時期は労働時間を短く、または休日にする方法をとると合理的です。このような場合に適した制度が**変形労働時間制**です。変形労働時間制とは、一定期間を通じて、平均して「１週40時間（44時間の特例あり）」の原則を守っていさえすれば、期間内の特定の日や特定の週に、「１日８時間、１週40時間」を超えて労働させてもよいという制度です。労働基準法で認められている変形労働時間制には、①１か月単位の変形労働時間制、②１年単位の変形労働時間制、③１週間単位の非定型的変形労働時間制の３種類があります。

　なお、18歳未満の者を変形労働時間制によって労働させることは原則としてできません。

■ １か月単位の変形労働時間制の導入

　飲食業界の場合は、①の１か月単位の変形労働時間制を採用する例が多くあるため、ここでは１か月単位の変形労働時間制について詳しく説明していきます。１か月単位の変形労働時間制とは、１か月以内の一定期間を平均して、１週間の労働時間が40時間を超えなければ、特定された日または週に法定労働時間を超えて労働させることができる制度です。月初や月末だけ忙しくなるケースのように、１か月の中で業務量に繁閑のある店舗で利用できます。

ただし、1か月単位の変形労働時間制をとるためには、労使協定または就業規則その他就業規則に代わるものによって、1か月以内の一定の期間を平均して、1週間あたりの労働時間が法定労働時間を超えない旨の定めをしなければなりません。

具体的には、以下の①〜⑤のような事項について、あらかじめ定める必要が生じます。注意点としては、就業規則に規定する場合には、「各日の始業・終業時刻」を規定する必要が生じます。逆に、労使協定による場合には、その協定の有効期間を定めなければなりません。

また、労使協定による場合は、その協定を事業場の所在地を管轄する労働基準監督署に届け出ることになります。

1か月単位の変形労働時間制の採用にあたっては、1か月単位の変形労働時間制について定めている労使協定または就業規則などに定める事項をよく確認するようにしましょう。

① 1か月以内の一定の期間（変形期間）とその期間の起算日
② 対象労働者の範囲
③ 4変形期間の1週間平均の労働時間が40時間を超えない定め
④ 変形期間の各日、各週の労働時間
⑤ 各日の始業・終業時刻（労使協定の場合は有効期間の定めが必要）

なお、変形期間について、法定労働時間の総枠を超えて各週の所定労働時間を設定することはできないため、注意が必要です。

■■変形労働時間制における時間外労働や法定労働時間とは

1か月単位の変形労働時間制の場合、時間外労働の計算方法が通常の場合とは異なります。

時間外労働の対象となるのは、就業規則などに規定された所定労働時間を超えるか、あるいはその週につき40時間またはその日につき8時間を超える時間についてです。また、既に時間外労働とされた時間を除き、変形期間の法定労働時間の総枠を超える時間も時間外労働に

なります。この時間外労働となる部分については、割増賃金の支払いが必要です。

なお、1か月単位の変形労働時間制の対象期間は「1か月以下」であればよく、3週間などの期間でもかまいません。変形期間における法定労働時間の総枠は、以下の算式によって求めます。

> 法定労働時間の総枠＝1週間の法定労働時間×変形期間の日数／7

たとえば、変形期間を1か月としている事業所で、週の法定労働時間が40時間の場合、1か月が30日の月の労働時間の総枠は171.4時間（＝40時間×30日÷7）です。

1か月が31日の月の場合は、177.1時間（＝40時間×31日÷7）、同じく1か月が28日の月の場合は、160時間（＝40時間×28日÷7）となります。

■ 1か月単位の変形労働時間制の例

対象期間	労働時間
1週目	36時間
2週目	34時間
3週目	42時間
4週目	42時間
4週間	154時間

3週目と4週目は法定労働時間をオーバーしているが、4週間の労働時間の合計が160時間（40時間×4週）以下なので時間外労働とはならない

8 残業不払い問題と労働時間の管理について知っておこう

適切な労働時間の管理体制づくりが重要である

■■ 労働時間の管理の仕方

　従業員が勤務時間外に働いている場合で、事業主が労働基準法で定められている時間外労働手当を支払わない場合を**サービス残業**または**賃金不払い残業**といいます。一般的にサービス残業となる場合は、事業主や上司などが自身の強い立場を背景に時間外労働を強制する場合が多く、社会問題となっています。

　飲食業界においては、店舗の開店前から閉店後まで、アルバイトなどにサービス残業をさせているケースなどがあります。

　サービス残業が常態化している事例では長時間労働が蔓延していることが多く、労働者の疲労がたまり、過労死や過労自殺、うつ病などの労災事故が生じる原因にもなっています。事業主は、労働者の労働時間を適正に把握・管理をしなければなりません。管理方法としては、次の２つの方法が考えられます。

① 　事業主（労働者を指揮命令する上司）が、目視で記録する方法
② 　タイムカードなどで確認・記録する方法

　これらの管理を行った上で、記録内容から残業時間が多い従業員を把握し、サービス残業が生じていないか注意する必要があります。残業が多い者の仕事量が物理的に多い場合には、他の従業員と分担するようにする必要があります。

■■ 事業主や店長の指示に基づいて残業が行われるようにする

　労働時間と時間外労働手当が一致しない場合の対策として、残業が発生する場合は必ず、事業主や上司の指示に基づくようにすることが

大切です。

　実際にルールを定める場合、就業規則や賃金規程を変更することになります。これらの改正を実施する場合、不利益変更にならないように従業員を代表する者から意見を聴かなければなりません。

　反対意見があったとしても就業規則や賃金規程の変更が無効となるわけではありませんが、ここでの話し合いは非常に重要で、今後の従業員のモチベーションにも関わります。

　ただし、飲食店などの場合は、相対的に長時間労働となりやすく、反対意見が出ることは少ないと思われます。

　ルールの策定では、残業について従業員が申請して事業主などが許可をする形式をとることも有用です。具体的な方法としては「残業申請書」という書類を、残業する労働者から管理者に提出させるようなしくみを作るとよいでしょう。この際、残業申請書には、残業しなければならない理由や残業の目的、作業に必要となる時間を記載させます。ここには、管理者が許可したことを示す署名やサイン欄を設けることも重要です。

■ **サービス残業の問題点**

サービス残業の問題点	具体的なケース
・労働時間を管理していない	タイムカード制廃止など
・必要な文書を作成していない	就業規則・労使協定の作成
・必要文書の届出をしていない	就業規則・労使協定の届出
・労働時間が週40時間におさまっていない	週40時間以上働くのが常態化している場合など
・割増賃金の計算が間違っている	計算式の分子・分母に当てはめるべき数値が間違っている
・年次有給休暇の管理を行っていない	職場全体の年次有給休暇の取得率が低い場合など
・監督・管理の地位にない者を管理職として扱っている	実態の伴わない管理職に就かせて残業手当を支給しない場合

9 固定残業制について知っておこう

実態に即した制度の導入が必要となる

■ 固定残業手当とは何か

　労働基準法では、時間外労働をした場合、給与計算期間ごとに集計して割増賃金を支払うよう定めていますが、会社の中には、残業手当をあらかじめ固定給に含めて毎月定額支給しているケースが多くあります。残業手当の定額支給自体は、法的には問題ありません。しかし、適切に支給をしないと、違法となる場合があるため、注意が必要です。

　固定残業手当を適法に行うためには、次の3つの要件が必要です。
① 　基本給と割増賃金部分が明確に区分されている
② 　割増賃金部分に含まれる残業時間数が明確である
③ 　前述の②を超過した場合には、別途割増賃金が支給される

　実際に固定残業手当を導入するためには、就業規則（賃金規程）を改正しなければなりません。特に、就業規則や賃金規程、労働契約の定め方に気を配り、従業員への明確な説明をしっかり行わなければなりません。固定残業手当の導入は、支給の経緯、実態などから見て「定額手当＝残業代」と判断できなければならないためです。

　なお、固定残業手当を導入した場合、一定の残業時間分の残業手当が実態にかかわらず支給されます。さらに、前述の③の通り、想定された残業時間を超過した分は別途支給しなければなりません。

■ 固定残業手当のメリットとは

　固定残業手当の導入によるメリットとしては、①同じ仕事を残業なしでこなす従業員と10時間の残業をしてこなす従業員がいる場合の不公平感を解消できる、②実残業が発生しても追加の人件費が発生しな

いことや年間の人件費の把握が可能なこと、残業の時間単価が抑えられる、③固定残業手当を導入することにより、給与計算の手間が大幅に削減され、毎月の人件費が固定化されることで予算管理がしやすくなる、④従業員が効率的に仕事をするようになる結果、固定残業手当を導入する前より残業時間が減少し、人件費総額が減少する、といった点があります。

固定残業手当はすべての業種・職種に適しているわけではありませんが、その中でも飲食店の場合は比較的導入しやすい業種といえます。飲食店は営業時間がほぼ一定で、開店準備や閉店業務にかかる時間に大きな変動がないため、毎日一定の労働時間となります。したがって、固定残業手当の導入が容易であるためです。

なお、設定する残業時間については、三六協定で設定できる時間外労働の上限が、1か月45時間、1年では360時間となっていることからすると、必然的に1年間の限度時間360時間の12分の1、30時間が固定残業手当を考える上での上限となります。30時間を超える時間設定は「時間外労働を一年で360時間を超えて行わせる」という宣言にもなりかねないため、上限は30時間とするべきでしょう。

■ 残業手当込みの賃金の支払い

10 有給休暇の法律問題について知っておこう

すべての労働者に与えられる義務である

■■ 年次有給休暇とは

　労働基準法では、年次有給休暇の積極活用を推進しています。**年次有給休暇**とは「年休」「有給休暇」ともいい、1週1日（4週で4日）の休日以外の休みで、休んでも給料が支払われるという休暇です。

　年次有給休暇の目的は、労働者を心身共にリフレッシュさせることにあります。年次有給休暇の取得は労働者の権利であり、会社は社員が安心して取得できるような職場環境を作る必要があります。年次有給休暇の取得を理由に、賃金や査定で不利な判断をしてはいけません。

　有給休暇の権利を得るには、いくつかの条件があります。まず、採用されてから6か月以上継続して勤務していることと、付与日の直近1年（採用後6か月で付与の場合は6か月）の全労働日の8割以上出勤していることです。この2つの条件を満たせば、定められた日数の有給休暇が自動的に与えられます（労働基準法39条）。

　なお、「全労働日の8割」を計算するにあたって、①業務上の負傷・疾病による療養のための休業期間、②産前産後の休業、③育児・介護休業法による育児と介護休業、④年休をとった日については出勤したものとみなされます。

　有給休暇は労働者の勤続状況によって段階を経て優遇されていくシステムになっています（労働基準法39条1項～3項）。

　最初の6か月を経過した段階で10日間の年次有給休暇が与えられ、1年6か月を経過すると11日、2年6か月で12日と1日ずつ増えて行きます。そして、3年6か月経過した段階から2日ずつ加算され、6年6か月を経過した時点で上限となる20日に到達します。

なお、取得した年休は翌年に繰り越すことができるものの、2年で時効消滅します（労働基準法115条）。

■ 非正規職員と年次有給休暇

非正規職員であっても要件を満たせば年次有給休暇を取得することができます。

ただし、所定労働時間や日数が正社員に比べ短い職員の場合は、労働日数等との比率を考慮して厚生労働省令で定める日数が与えられることになり、これを**有給休暇の比例付与**といいます。具体的には、所定労働時間が30時間に満たず1週間の所定労働日数が4日以下の労働者や、年間の所定労働日数が216日未満の労働者でも、出勤率が8割以上あり、半年以上継続勤務をしていれば、時間に応じた日数分の有給休暇を取得できます。

なお、労働基準法の定めはあくまでも最低限の基準であるため、就業規則などで労働基準法以上の有給休暇を付与すると定めることについては問題ありません。

■ 有給休暇の申し出と半日・時間単位の休暇の要求

労働者が有給休暇を取得する場合「○日から○日まで有給休暇をとります」と具体的に休む時期を使用者に申し出るだけで十分です。これを労働者の権利として**時季指定権**といいます（労働基準法39条5項）。有給休暇は、労働者が使用者の許可を得て休ませてもらうというものではなく、労働者が休暇をとる権利をもとにして、実際に休む日を決める手続きだといえます。

なお、年次有給休暇が単位としている「労働日」とは、原則として午前0時から午後12時までの暦日を意味します。そのため、年次有給休暇を与える場合も1日単位で与えるのが原則ですが、労働者の方から半日単位の休暇を請求した場合は認めることが可能です。

また、労使協定を結ぶことを要件として、**時間単位で年次有給休暇を付与する制度**もあります。

■■ 年休中の賃金の金額

労働者が年次有給休暇を取得する場合、使用者は労働者に賃金を支払わなければなりません。その金額は原則として、就業規則等の定めに従い、平均賃金、または所定労働時間労働した場合に支払われる通常の賃金（賃金を時間によって定めている場合であれば「時間給×その日の所定労働時間数」、日によって定めている場合であれば日給が支払われる）を用いて算定するとされています（同法39条）。

■■ 使用者は時季変更権を行使できる場合がある

労働基準法では、両者の調整を図って、労働者が請求した時季に休暇を与えると、事業の運営に支障をきたすという場合には、使用者は他の時季に振り替えて与えることができることにしました。これが**使用者の時季変更権**です。

事業の運営に支障をきたす場合とは、労働者の所属する事業場を基準にして、事業の規模、内容、当該労働者の担当する作業の内容、性質、作業の繁忙、代行者の配置の難易、他の年休請求者の存在など、いろいろな状況を総合的に考慮して判断します。ただし、単に人手不足であるとか、業務が忙しいという理由だけで会社が年休を与えないことは許されないと考えられています。

■■ 計画年休導入にもメリットとデメリットがある

年休には、例外として年休のうち5日を超える分（たとえば、年休を13日とる権利のある労働者は、そのうち8日間）について、労働者個人の意思にかかわらず労使協定で決めた日を有給休暇の日と定めることができます。これを**年休の計画的付与**といいます。

年休の計画的付与の方法として、①事業場全体の休業による一斉付与方式、②グループ別の付与方式、③年休付与計画表による個人別付与方式の3つがあります。この制度を活用すれば、使用者側には年休の日程を計画的に決めることができます。また、労働者側にも忙しい場合や、年休をとりにくい職場の雰囲気の中でも有給休暇がとりやすくなり、年休の取得率が向上し、労働時間の短縮につながるというメリットがある一方、自分の都合のよい日を自由に有給休暇に指定することができなくなるというデメリットもあります。

　なお、労使協定によって年休の計画的付与を決めた場合には、労働者の時季指定権も使用者の時季変更権も共に使えなくなります。計画的付与を導入するには、労使協定を締結しなければなりませんが、この労使協定について届出は不要です。

■ 有給休暇取得日数

労働日数＼継続勤続年数	0.5	1.5	2.5	3.5	4.5	5.5	6.5以上
①一般の労働者、週の所定労働時間が30時間以上の短時間労働者	10	11	12	14	16	18	20
②週の所定労働時間が30時間未満の労働者							
週の所定労働日数が4日または1年の所定労働日数が169日～216日までの者	7	8	9	10	12	13	15
週の所定労働日数が3日または1年の所定労働日数が121日～168日までの者	5	6	6	8	9	10	11
週の所定労働日数が2日または1年の所定労働日数が73日～120日までの者	3	4	4	5	6	6	7
週の所定労働日数が1日または1年の所定労働日数が48日～72日までの者	1	2	2	2	3	3	3

※ 週の所定労働時間が30時間未満の労働者で、週の所定労働日数が5日以上または1年の所定労働日数が217日以上の者については①として判断する。

11 賃金・最低賃金・平均賃金について知っておこう

賃金とは労働の対償として使用者が労働者に支払うすべてのもの

■■ 賃金・平均賃金とは何か

　労働基準法上の**賃金**は給料だけでなく、広く「賃金、給料、手当、賞与その他名称の如何を問わず、労働の対償として使用者が労働者に支払うすべてのものをいう」とされています（労働基準法11条）。つまり、基本給の他、役職手当、時間外手当、家族手当、住宅手当も賃金にあたります。また、賞与や退職金は、労働協約、就業規則、労働契約によってあらかじめ支給の条件が決められていれば、使用者に支払いが義務付けられることになるので賃金になります。

　労働者が賃金として受け取るものの1日あたりの金額を**平均賃金**といいます。平均賃金の算出方法は、原則としてその金額を算定すべき原因が発生した日、解雇予告をした日や休業が開始される日の直前3か月に支給された賃金の総額を同じ期間の総日数で割った金額（賃金総額÷総日数）となります。平均賃金は、①解雇予告手当の支給、②休業手当の支給、③年次有給休暇を取得したときの賃金、④災害補償、⑤懲戒処分の減給額の基準として使用されます。

■■ 最低賃金とはどのようなものか

　賃金の額は使用者と労働者との合意のもとで決定されるものですが、一般的な賃金よりも低い金額を提示する使用者がいないとも限らず、どんな場合であっても提示額をそのまま受け入れざるを得ないとなると、労働者は苦しい生活環境を強いられることになります。そこで、国は**最低賃金法**を制定し、賃金の最低額を保障することによって労働者の生活の安定を図っています。最低賃金法の対象となるのは労

働基準法に定められた労働者であり、パートタイマーやアルバイトも当然に含まれます。たとえば、個別の労働契約で、最低賃金法を下回る賃金を設定していたとしても、その部分は無効であり、最低賃金法の賃金額で契約したものとみなされます。

なお、試用期間中の者や、軽易な業務に従事している者、一般の労働者と比べて著しく労働能力の低い労働者などについては、都道府県労働局長の許可を得ることによって最低賃金額を下回る賃金を設定することができます。

■ 割増賃金とは

使用者は、労働基準法37条により、労働者の時間外・深夜・休日労働に対して、通常の労働時間又は労働日の賃金計算額の25％〜50％の範囲内で政令で定める割増率を上乗せした割増賃金の支払義務を負うことになっています。

1日8時間、週40時間の法定労働時間を超えて労働者を働かせた時間外労働の割増率は、25％以上です（月60時間を超える場合には50％以上、次ページ図）。また、午後10時から午前5時までの労働（深夜労働といいます）についても、同様に25％以上となっています。時間

■ 賃金の割増率

時間帯	割増率
時間外労働	25％以上
時間外労働（月60時間を超えた場合）	50％以上※
休日労働	35％以上
時間外労働が深夜に及んだとき	50％以上
休日労働が深夜に及んだとき	60％以上

※労働時間が1か月60時間を超えた場合に支払われる残業代の割増率については、平成31年4月1日までの間、中小企業には適用が猶予される。

外労働と深夜労働が重なった場合は、2つの割増率を足すことになりますので、50%以上の割増率となります。また、1週1日以上又は4週4日以上と定められている法定休日に労働者を働かせた場合は、休日労働として35%以上の割増率となります。休日労働と深夜労働が重なった場合、割増率は60%以上となります。

■■三六協定を結ばなければ残業が認められない

　時間外労働は、原則として労使間で時間外労働について労使協定を結び、その範囲内で残業を行う場合に認められます。この労使協定は、労働基準法36条に由来することから**三六協定**といいます。同じ会社であっても、残業の必要性は事業場ごとに異なりますから、三六協定は事業場ごとに締結しなければなりません。事業場の労働者の過半数で組織する労働組合（それがないときは過半数を代表する者）と書面による協定（三六協定）を締結し、労働基準監督署に届ける必要があります。三六協定で締結すべき事項は、①時間外又は休日の労働をさせる必要のある具体的事由、②業務の種類、③労働者の数、④1日及び1日を超える一定の期間について、延長することができる時間又は労働させることができる休日です。④については、限度時間が決められています。労働者の同意があっても、限度時間を超えて働かせることはできません。時間外労働の限度は一般の労働者の場合、「1週間：15時間、2週間：27時間、4週間：43時間、1か月：45時間、2か月：81時間、3か月：120時間、1年間：360時間」と定められています。しかし実際の事業活動の中で、特に忙しい時期など、必ずしも時間外労働を1か月45時間以下におさえることができないこともあります。そのような特別な事情がある場合は、「特別条項付き時間外・休日労働に関する協定」を締結して時間外労働時間の上限を設定することで、限度時間を超えて時間外労働をさせることができます。

12 懲戒について知っておこう

就業規則に明示した処分内容を段階を経て行う必要がある

■ 懲戒処分

　職場の秩序を乱した場合、使用者は会社の秩序を維持するために懲戒処分、つまり労働者に制裁を科すことがあります。懲戒処分を科すには、懲戒処分の種類や処分対象を就業規則で定める必要があります。
　懲戒処分の種類には以下の①から⑤があります。

① 戒告・譴責（けんせき）
　将来を戒め、始末書は提出させないのが戒告で、始末書を提出させるのが譴責です。昇給などの査定上不利に扱われることがあります。

② 減給
　会社の秩序を乱したことに対するペナルティ（制裁金）です。制裁金額が不当に高くならないよう、労働基準法による金額制限があります。

③ 停職（自宅謹慎、懲戒休職）
　一定期間出勤させないという処分で、期間中は無給となります。出勤停止期間は一般的に2週間以内程度で、これによる減収には、減給の場合の制限はありません。

④ 諭旨解雇（ゆしかいこ）
　本人の自発的退職という形で解雇することです。処分理由が懲戒解雇の場合よりも少しだけ軽い場合などに行われます。

⑤ 懲戒解雇
　本人の不行跡を理由に解雇するものです。解雇予告や予告手当は不要で、即時解雇できます（労働基準監督署長の解雇予告除外認定が必要）。
　ただ、本人に一切の弁明の機会も与えず、いきなり懲戒解雇にする

第4章 ◆ 従業員を雇った場合の法律知識

ことはできません。裁判で懲戒解雇の有効性が争われた場合、規律違反による会社の損害や個人の勤務態度などの諸事情を考えて、懲戒解雇にするしかないという場合に限り、懲戒解雇が認められています。

■■ 制裁として減給することもできる

複数労働者が同じ職場で円滑に働くためには一定の規律が必要です。そして、通常、職場の規律に違反した労働者には一定の制裁（罰）を科すことにしています。制裁にはいくつかの方法がありますが、給与を減額することによって制裁とする減給もそのひとつです。

ただ、給与は労働者の生活を維持するための重要なものであるため、際限なく認められているのではなく、①制裁１回の金額が平均賃金の１日分の半額を超えてはならない、②一賃金支払期（月１回の給与のときは１か月）における制裁の総額はその一賃金支払期の賃金の総額の10分の１を超えてはならない、という法的な制限があります。

なお、遅刻や欠勤をした社員に対する罰金制度などは減給とは別ものであり、労働基準法違反となるためできません。

■■ 業務上損害を与えたような場合の賠償請求の可否

人間は誰しもミスをするものです。飲食業においても、従業員のミスにより損害を被るケースが考えられます。ただし、ミスをした従業員にその責任を追及できるかというと、一概にはいえません。

まず、その従業員に対して使用者側が十分な教育を行っていない場合は、使用者側の責任となります。また、過酷な労働条件により従業員が疲労しており、判断が狂ったような場合も同様です。しかし、従業員側が故意に損害を与えたような場合や、過失の度合いが深刻であった場合は、従業員に損害賠償請求ができる可能性があります。この場合も、労働の対価として支払われる賃金から一方的に差し引くことはできないため、従業員と入念に話し合う必要があります。

13 解雇はどのように行うのか

解雇予告をしなければ原則として解雇できないが例外もある

■■ 解雇も辞職も退職の一形態

　退職とは、使用者と労働者双方の合意に基づいて行われる契約関係の終了のことです。通常、①労働者による申入れ、②定年に達した、③休職理由が消滅しない状態での休職期間が終了、④労働者本人の死亡、⑤長期にわたる無断欠勤、などの場合に退職となります。退職に関する事項は労働基準法により就業規則に必ず記載すべき事項と規定されていますが、内容は各会社の事情に応じて決めることができます。

　なお、辞職も退職の一つの形態で、労働者が一方的に労働契約を解除することです。民法では2週間前に申し出れば可能とされています。

■■ 解雇には3種類ある

　解雇とは、会社が会社の都合で社員との雇用契約を解除することです。その原因により、普通解雇、整理解雇、懲戒解雇に分けられます。整理解雇は経営不振による合理化など経営上の理由に伴う人員整理のことで、リストラともいいます。懲戒解雇は、たとえば従業員が会社の製品を盗んだ場合のように、会社の秩序に違反した者に対する懲戒処分としての解雇です。それ以外の解雇を普通解雇といいます。ただし、合理的な理由のない解雇は解雇権の濫用となり、解雇は認められません（労働契約法16条）。

　解雇については法律上、さまざまな制限があります。まず、労働者が業務上負傷し、又は疾病にかかり療養のために休業する期間及びその後30日間は解雇が禁止されています（労働基準法19条）。その他にも、労働基準法、労働組合法、男女雇用機会均等法、育児・介護休業

法などの法律により、解雇が禁止される場合が定められています。

　また、法律上解雇が禁止される場合に該当しない場合であっても、解雇に関する規定が就業規則や雇用契約書にない場合、経営者は解雇に関する規定を新たに置かない限りは解雇できません。さらに、労働契約法で、解雇は、客観的に合理的な理由がなく、社会通念上相当と認められない場合は、その権利を濫用したものとして無効とされます。

　たとえば、営業成績がふるわないからといって解雇をすることはできません。営業成績はその従業員だけではなく、使用者側にも責任がある可能性があるためです。このような場合は、まずは不振の原因を探り、改善策を検討する必要があります。

■■ 解雇予告手当を支払って即日解雇する方法もある

　社員を解雇する場合、会社は原則として解雇の予定日より30日前にその社員に解雇することを予告しなければなりません。しかし、どんな場合でも30日先まで解雇できない場合、問題が生じるケースがあります。こうした場合に備えて、即日解雇する代わりに30日分以上の平均賃金を**解雇予告手当**として支払う方法が認められています（労働基準法20条）。また、解雇予告手当は即日解雇する場合だけでなく、たとえば15日間は勤務してもらい、残りの15日分の解雇予告手当を支払う、などの形で行うこともできます。なお、解雇予告手当を支払った場合は、必ず受領証を提出してもらうようにしましょう。

■■ 解雇予告が不要な場合

　通常、解雇を行う場合は解雇予告や解雇予告手当の支給が必要ですが、次に挙げる社員については例外とされています。

① 雇い入れてから14日以内の試用期間中の社員
② 日雇労働者
③ 雇用期間を2か月以内に限る契約で雇用している社員

④　季節的業務を行うために雇用期間を4か月以内に限る契約で雇用している社員

なお、試用期間中の社員であっても、既に15日以上雇用している社員を解雇する場合には、解雇予告や解雇予告手当が必要です。

■解雇予告手当の支払いが不要になるケースもある

以下のケースにおいて社員を解雇する場合は、解雇予告あるいは解雇予告手当の支払は不要とされています。

① **天災事変その他やむを得ない事由があって事業の継続ができなくなった場合**

地震や火災、津波によって、事業の継続ができない場合などです。

② **社員に責任があって雇用契約を継続できない場合**

懲戒解雇事由にあたるような問題社員を解雇する場合などです。

ただし、①や②に該当した場合でも労働基準監督署長の認定が必要です。①に該当する場合には解雇制限除外認定申請書を、②に該当する場合には解雇予告除外認定申請書を提出しなければなりません。

■解雇の通知は書面で行うようにする

社員を解雇する場合、後の争いを避けるためにも書面で通知した方法が有効です。書面には、「解雇予告通知書」（解雇を予告する場合）といった表題をつけ、解雇する相手、解雇予定日、会社名と代表者名を記載した上で、解雇の理由を記載します。就業規則のある会社の場合、解雇の理由と共に就業規則の規定のうち、解雇の根拠となる条文を明記し、具体的に根拠規定のどの部分に該当したかを説明します。

即時解雇する場合は、表題を「解雇通知書」とし、解雇予告手当を支払った場合にはその事実と金額も記載します。なお、解雇した元社員や解雇予告期間中の社員から解雇理由証明書の交付を求められた場合には、解雇通知書を渡していたとしても交付しなければなりません。

14 就業規則について知っておこう

従業員が10人以上の場合、就業規則を作成しなければならない

■ 就業規則の考え方

　就業規則は、従業員（スタッフ）の待遇、採用、退職、解雇など人事の取扱いや服務規律（従業員がその店舗の一員として日常の業務を行っていく上で念頭に置くべきルール、倫理、姿勢などについて定めた事項のこと）、福利厚生、その他の内容を定めたルールブックです。常時10人以上の従業員を使用する事業所は、就業規則を作成し、労働基準監督署に届け出なければなりません（労働基準法89条）。
　これは個人事業主などの小規模な飲食店であっても同様で、「10人」については、雇用契約の形態が正社員、パート、アルバイト、契約社員など違っていても、それらすべてを含めた従業員について適用されます。就業規則の作成、変更の際は、必ず従業員の代表（従業員の過半数を代表する者）の意見を聴かなければなりません（90条1項）。就業規則を届け出る際、その都度、従業員代表の意見を記した書面（意見書）を必ず添付することになっています（90条2項）。この意見書が添付されていなかった場合、労働基準監督署は、無効な就業規則として受理しません。

■ 就業規則の記載事項

　就業規則に必ず明記しなければならない事項には、以下の3種類があります。

① **絶対的必要記載事項**

　必ず記載しなければならず、そのうちの1つでも記載がないと30万円以下の罰金という刑事罰に処されます。始業・終業の時刻、休憩時

間、休日、休暇、賃金の締切り・支払時期に関する事項などをいいます。
② 相対的必要記載事項
規定することが義務付けられてはいないものの、何らかの定めをする場合は、必ず記載しなければならない事項です。退職手当や安全衛生、その事業場の従業員すべてに適用する定めを作る場合はその事項などをいいます。
③ 就業規則の任意的記載事項
記載することが任意とされているものです。たとえば、就業規則制定の目的や趣旨、用語の定義、従業員の心得、職種や職階などがこれに該当します。

■就業規則の変更により労働条件を不利益に変更する場合

就業規則を変更した場合は、作成する時と同様、労働基準監督署に届出をすることが労働基準法により定められています。変更する際には、従業員代表の意見を聴いた上で「意見書」を添付する必要があります。しかし、就業規則の変更が従業員に不利益になる場合は、従業員代表の意見を聴くだけでは足りず、労働契約法の原則に従った「合意」を得られなければ、原則として変更することはできません。

なお、一定の要件を満たした場合には、従業員との合意を得ないまま、就業規則を変更し、労働条件を不利益に変更することが可能です。

ただし、この場合は、変更後の就業規則の内容を従業員に周知させる（広く知らせる）ことが必要です。

さらに、就業規則の変更内容が、①従業員の受ける不利益の程度、②労働条件の変更の必要性、③変更後の就業規則の内容の相当性、④労働組合との交渉の状況、などの事情を考慮した上でのものであり、合理的であると認められなければいけません。このような要件を満たす変更であれば、従業員を不当に不利にする就業規則の変更とはみなされず、従業員との合意を得ずに変更することも可能です。

15 社会保険・労働保険への加入について知っておこう

正社員以外でも社会保険・労働保険の対象になるケースはある

■ 公的保険制度の概要

　一般の企業で給与計算事務を行う場合、従業員の給与から、税金や公的保険である雇用保険料、社会保険料などを差し引いた金額を労働者に手渡すことになります。

　公的保険は、労働保険と社会保険に分類されます。労働保険は労災保険と雇用保険の2つからなり、社会保険は健康保険、厚生年金保険、国民年金、国民健康保険、介護保険などからなります。公的保険制度の概要は以下の通りです。

① 労働者災害補償保険（労災保険）

　労働者が仕事中や通勤途中に発生した事故などによって負傷や病気にかかった場合に治療費などの必要な給付を受けることができます。また、障害などの後遺症が残った場合や死亡した場合などについても保険給付があります。

② 雇用保険

　被保険者が失業した場合や本人の加齢、家族の育児・介護などのために勤め続けることが困難になった場合に手当を支給する制度です。また、再就職を円滑に進めていくための支援も行われます。

③ 健康保険

　被保険者やその家族が病気やケガをした場合に必要な医療費の補助を行う制度で出産時や死亡時にも一定の給付を行います。

④ 厚生年金保険

　被保険者が高齢になり働けなくなったとき、体に障害が残ったとき、死亡したときなどに年金や一時金の支給を行います。

■ 労災保険への加入

　労災保険は、事業所に1人でも雇用していれば原則として加入が義務付けられ、労災保険の適用事業所として扱われるので、ほとんどの飲食店に加入する義務があります。また、その事業所に勤務する労働者であれば、短期間のアルバイトであっても労災保険の適用を受けることができます。
　労災保険率は業種により異なり、3年に一度、国により保険率の見直しが行われます。なお、飲食業の場合は平成28年4月時点での保険料率が1000分の3.5となります。

■ 雇用保険への加入

　雇用保険も労災保険同様、1人でも従業員を雇用している事業所であれば原則として加入しなければなりませんので、ほとんどの飲食店に加入義務があります。
　雇用保険料率は業種により異なり、1年に一度、国により保険料率の見直しが行われます。なお、飲食業の場合は平成28年4月以降の雇用保険料率は1000分の11となります。そのうち、事業所負担率が1000分の7、被保険者負担率が1000分の4です。
　雇用保険の被保険者には、一般被保険者、高年齢継続被保険者、短期雇用特例被保険者、日雇労働被保険者の4種類があります。通常の労働者である場合は一般被保険者として扱われます。
　なお、「一週間の所定労働時間が20時間未満である者」や「65歳に達した日以後に雇用される者」を雇用する場合、その従業員は雇用保険の対象とはなりません（ただし、平成29年1月1日からは対象者となる法改正が行われます）。また、居酒屋における忘年会など、飲食業では種類によって繁忙期のある場合もありますが、このような時期に一時的に雇用するアルバイトであっても、雇用保険の対象になる可能性があるため、注意が必要です。考え方としては、「雇用期間が31

日未満」「週の労働時間が20時間未満」で期間の定められた雇用契約であれば、雇用保険の対象にはなりません。

■ 社会保険への加入

社会保険というと、健康保険と厚生年金保険の両方を指すこともありますが、本来これらの給付の目的や内容は全く異なるものです。しかし、適用事業所の要件など、多くの部分で共通点があることから、健康保険と厚生年金保険の手続きを同時に行うケースが多くあります。同時に加入する場合は、当然ながら健康保険の適用事業所と厚生年金保険の適用事業所は原則として同一となります。ただし、健康保険の保険者が健康保険組合である場合は、組合独自の様式を用いた書類でやりとりを行う可能性があるため、その場合は別々に手続きを行うことになります。いずれにしても、保険料は事業所と従業員とで折半し、事業所が給与から天引きしてまとめて支払います。

なお、場合によっては健康保険のみに加入するような場合があります。たとえば、健康保険・厚生年金保険の被保険者であるパート労働者が諸事情により勤務時間を減少させ、加入要件から外れたケースが挙げられます。この場合、当該パート労働者は、まずは健康保険・厚生年金保険の喪失手続きを行うことになりますが、その上でパート労働者が健康保険に任意加入することを希望した場合は、健康保険のみに加入する形となります。ただし、健康保険の任意継続の場合は、保険料は全額被保険者負担となるため、保険料の金額が倍増します。

近年、社会保険に関しては未加入の問題が頻繁に取り上げられており、年金事務所の調査も非常に増えています。確かに、保険料は事業所と従業員で折半するため、事業所にとって大きな負担です。しかし、社会保険に加入しなければならない事業所が、未加入または加入していても保険料が未納の状態であれば、リスクも大きくなります。

まず、社会保険未加入で、それが年金事務所の調査により発覚する

と、全従業員の保険料が2年間に遡って徴収されます。また、加入していても、未納の場合は、7.3％～14.6％の延滞金が発生します。

さらに、未加入や未納について正当な理由がない場合、6か月以下の懲役または50万円以下の罰金が科されることになります。

■■ パートタイム労働者と社会保険への加入

社会保険（健康保険、厚生年金保険など）や労働保険（労災保険と雇用保険）の制度に加入することができるのは、会社の常用労働者（正社員）だけではありません。適用事業所に勤務する従業員のうち、健康保険や厚生年金保険に強制的に加入することになるのは、「常用雇用されている」と判断される人です。

常用雇用か否かは、単に肩書きが正社員であるかで単純に決定するわけではありません。判断基準には、以下の①、②が挙げられます。

① 労働時間が一般社員の概ね4分の3以上
② 労働日数が一般社員の概ね4分の3以上

この両方の要件を満たす場合には、「常用雇用」とみなされます。

ただ、これは一応の目安です。この要件を満たしていなくても職務の内容などによっては、常用雇用として扱われるケースもあります。

なお、今後はパートタイム労働者の社会保険加入を推進することから、加入の要件が緩和される予定です。平成24年8月に厚生年金法などが改正されたことで、次の要件を満たせば社会保険へ加入することが可能になりました。

① 週20時間以上
② 学生でないこと
③ 月額賃金8.8万円以上
④ 勤務期間1年以上を満たす労働者

なお、制度の施行時期の予定は、平成28年10月とされています（当面は従業員規模501人以上の企業が対象）。

16 従業員を採用した場合の手続きについて知っておこう

従業員を採用した場合には、資格取得の手続きをする

■■ 労働保険の加入手続きとは

　パートやアルバイト、正社員を問わず、人を採用したときはその会社は必ず労働保険に加入しなければなりません。原則として、労働保険である労災保険、雇用保険の双方に同時加入しなければなりません。

　加入の手続きは、会社の設立時、または人を雇用したとき（保険関係成立日）の翌日から10日以内に管轄の労働基準監督署へ届け出る方法をとります。

　その上で、50日以内に、事業主が、「概算保険料申告書」を管轄の労働基準監督署へ届け出ます。会社を新たに設立した場合だけでなく、支店を設置し、その支店に人を雇用した場合にも、支店について「概算保険料申告書」を提出しなければなりません。

■■ 雇用保険の手続き

　雇用保険は、採用した従業員の雇用形態や年齢、従業員と会社との間の雇用契約の内容によって、加入できるか（被保険者となるかどうか）を判断します。

　従業員を採用したときに公共職業安定所（ハローワーク）に提出する書類は「雇用保険被保険者資格取得届」です。

■■ 健康保険と厚生年金保険の手続き

　原則として、健康保険と厚生年金保険は同時加入が義務付けられているため、健康保険と厚生年金保険は、手続きも同時に行います。

　ただし、健康保険組合に加入している会社の場合は、手続き書類が

組合独自の様式となっている場合があり、その場合は健康保険と厚生年金保険は別々の手続きになります。

主な手続きとしては、たとえば新しく従業員を採用した場合、「健康保険厚生年金保険被保険者資格取得届」に、氏名や生年月日、入社年月日、報酬額などの必要事項を記載し、所轄年金事務所に提出します。健康保険組合がある会社については、その健康保険組合にも提出します。

なお、被保険者資格取得届には、基礎年金番号の記入も必要となるため、採用予定の従業員から年金手帳を確認してもらう方法をとります。ただし、従業員が年金手帳を紛失したために番号がわからない場合は、「年金手帳再交付申請書」を取得届と同時に提出します。

採用した従業員に被扶養者がいる場合は、「健康保険被扶養者(異動)届」を提出し、被扶養者分の保険証の交付を受けます。

なお、70歳以上の従業員を雇った場合は、手続きは健康保険のみの加入となります。健康保険は、75歳に到達した時点で後期高齢者医療制度へ移行されるため、その従業員が75歳の誕生日を迎える際には喪失手続きを行います。

■ 社員を採用した場合の各種届出

事由	書類名	届出期限	提出先
社員を採用したとき(雇用保険)	雇用保険被保険者資格取得届	採用した日の翌月10日まで	所轄公共職業安定所
社員を採用したとき(社会保険)	健康保険厚生年金保険被保険者資格取得届	採用した日から5日以内	所轄年金事務所
採用した社員に被扶養者がいるとき(社会保険)	健康保険被扶養者(異動)届	資格取得届と同時提出	所轄年金事務所
労働保険料の申告(年度更新)	労働保険概算・確定保険料申告書	毎年6月1日から7月10日まで	所轄労働基準監督署

17 高齢者雇用について知っておこう

再雇用制度の導入も可能である

■ 企業は高齢者の雇用を確保する義務がある

高年齢者雇用安定法は、高齢者の雇用の安定や再就職の促進などを目的とした法律です。飲食店においても、「60歳前後のスタッフを今後どのように関わっていくか」という事項については念頭に置く必要があります。

高齢者の定年に関する制限、高年齢者の雇用確保のために事業者が講じるべき措置、高年齢者雇用推進者の選任といった事柄が定められています。

高年齢者雇用安定法の改正により、各企業には高年齢の労働者に対して次のような雇用確保制度が義務付けられます。

① 定年に関する制限（60歳以下の定年年齢の定めは禁止）
② 高年齢者の雇用確保措置（定年年齢が65歳未満の定年年齢の場合、定年年齢の引上げ・継続雇用制度の導入・定年の廃止のいずれかを講じる必要あり）
③ 高年齢者雇用推進者の選任

■ 継続雇用制度を用いる場合

継続雇用制度とは、労働者の希望に応じて定年後も雇用を続ける制度のことで、労使協定を締結することで実施できます。

再雇用制度と勤務延長制度の2種類の方法があり、**再雇用制度**とは、定年者をいったん退職させ、その後に雇用形態を問わず再雇用する制度です。一方、**勤務延長制度**とは、定年者を退職させず、引き続き雇用する制度です。雇用契約は消滅せず引き継がれます。

ただし、継続雇用制度には適用年齢に関する経過措置が認められています。60歳に定年を迎えた者が年金を受給できるまでの期間について、収入確保のために継続雇用を希望した場合はその全員を再雇用しなければなりません。一方、65歳までの間に年金の受給が開始される者については、労使協定を用いて継続雇用者の要件を定めることが可能になります。
　再雇用制度や勤務延長制度は、就業規則や労働協約で定めることで導入することができます。手続きとしては、まず企業と労働者との間で労働契約を締結します。雇用形態や労働条件などについての定めはなく、原則として労働関係法令に抵触せず、労働者が65歳になるまで雇用するのであればどのような形でも問題はありません。

■再雇用するときの検討事項

　再雇用の場合、労働契約の期間、雇用形態、賃金・賞与・退職金の額、役職、担当させる業務内容といった事項について再検討することになります。
　雇用期間については、労働者の立場からすれば、できるだけ長い期間雇用してもらいたいと考えます。しかし、雇用期間途中で再雇用した者の能力に問題が生じた場合の対応に窮することになり得るため、通常は、雇用期間を1年間として、1年ごとに雇用契約を更新していきます。1年ごとに雇用契約が更新されるとしても、労働者の年齢が65歳になるまで更新され続けるのであれば問題はありません。
　また、再雇用者に与える業務内容については、いったん雇用契約を解消した高年齢者であることを考慮し、役職からは離脱させることが適切でしょう。ただし、再雇用者が優秀で後任に適当な人材がいない場合には、引き続き高年齢者に役職を継続してもらうこともあります。
　再雇用したスタッフなどについての就業規則（嘱託社員規程）などもあわせて整備しておきましょう。

18 外国人雇用について知っておこう

雇う前に知っておかなければならないことをつかむ

■■ 在留資格は33種類ある

　在留資格とは、日本に在留した外国人が可能な行動等を類型化したものです。詳細は出入国管理及び難民認定法により規定されていますが、現在は33種類の在留資格が定められ、これに該当しなければ90日を超える滞在は認められていません。たとえば、外国人を正社員として雇う場合は、在留資格に該当した業務にあたらせる必要がありますが、たとえば在留資格のうち「技能」にあたる調理師として外国人を雇う場合は、ある程度の実務経験を要することになります。

　また、日本で雇用できる外国人は「高度な専門的能力を持った人材」に限られています。たとえば、留学生をアルバイトとして雇う場合、外国人留学生が保有している「留学」の在留資格だけでは、正規の雇入れができません。したがって、「資格外活動許可」という資格への変更手続きが必要です。ただし、資格外活動許可は、本来の活動の遂行を阻害しない範囲内で許可されているため、労働場所や時間が制限されています。たとえば労働場所については、風俗営業等での活動は禁止されています。また、労働時間については、留学生の場合は1週28時間以内、教育機関が長期休業中（夏休み）だと1日8時間以内と設定されています。1週の労働時間がオーバーした場合は剰余分を翌週に回し、その分翌週の労働時間を減らすなどの調整をする必要があります。

■■ 残業代や最低賃金の支払は日本人労働者と同様に行う

　日本国内の企業に使用される労働者であれば、外国人労働者でも労

働基準法は適用されます。したがって、時間外労働をさせた場合には、働いた時間に応じた割増賃金を支払わなければならず、1時間あたりの賃金が最低賃金を上回るようにしなければなりません。「外国人だから低い待遇で扱ってよい」わけではないため、注意が必要です。

■ 外国人向けの労働条件通知書を作成しておく

外国人を雇用する場合、労働契約書や労働条件通知書、賞罰規則を整備する必要があります。

労働契約書については、専業の労働者として雇用する場合の契約書の他に、留学目的で来日した外国人留学生をアルバイトなどで雇用する場合の契約書をあらかじめ用意します。いずれの場合も契約書で就労資格に問題がないことを確認することが必要です。

書式の整備後に外国人労働希望者との面接を行います。面接時には社会保険の加入に関しても説明しなければなりません。適用事業所に常用雇用されている限り、外国人も日本人と同様の扱いを受けることになります。外国人労働者の場合、長期間日本で働かないことがあり、保険料の負担が煩わしいことを理由に加入を渋る場合がよくありますが、面接時に必ず社会保険に関する説明を行い、加入を促しましょう。

■ 外国人雇用状況届出制度とは

外国人労働者（特別永住者を除く）を採用したとき、離職のときにその氏名、在留資格等をハローワークに届け出なければなりません。雇用保険の被保険者の場合は、資格取得届、喪失届の備考欄に在留資格、在留期限、国籍等を記載して届け出ますが、その他の外国人労働者については「外国人雇用状況届出書」を提出します。

通常外国人であると判断できるにもかかわらず、在留資格の確認をしないで在留資格がない外国人を雇用すると、罰則の対象となるため注意が必要です。

■■ 不法就労と罰則

　不法就労とは、①不法に入国して就労している者、②在留資格に定められた活動の範囲を超えて就労する者、③定められた在留期間を超えて就労する者のことをいいます。不法就労と知りながら雇い続けた場合は3年以下の懲役、もしくは300万円の罰金という刑罰が科されます（入管法73条の2）。

　実際に雇用している労働者が不法就労者ということが判明した場合、雇用主は、まず本人と面談をし、有効な在留資格を有していない可能性があると判断した場合は出勤停止処分にした方がよいでしょう。

　さらに、外国人労働者と連絡がとれなくなった場合は、不法就労をしていた会社として公表されるリスクを避けるため、すぐに文書で入管当局に連絡することが重要です。

■ 在留資格の一覧

❶ 在留資格に定められた範囲で就労が認められる在留資格（24種類）

外交	法律・会計業務	企業内転勤
公用	医療	興行
教授	研究	技能
芸術	教育	技能実習（4種）
宗教	技術・人文知識・	特定活動
報道	国際業務	（ワーキングホリデー、
経営・管理	高度専門職（4種）	技術研修など）

❷ 就労が認められない在留資格（5種類）

文化活動、短期滞在、留学、研修、家族滞在

❸ 就労活動に制限がない在留資格（4種類）

永住者、日本人の配偶者など、永住者の配偶者など、定住者

19 パートタイマーの契約期間などのルールをおさえておこう

正社員への転換制度が利用されている

■ パートの契約内容変更

　有期契約の期間満了後に契約を更新するにあたり、労働待遇をこれまでに比べ改善する場合や、少なくとも前回と同程度の内容とする場合は、大きなトラブルは生じないでしょう。

　しかし、労働者にとって不利な条件で契約を更新する場合は、そうはいきません。たとえば、次のような内容が挙げられます。

・賃金を引き下げる契約
・就労時間の延長をする契約
・就業場所を変更する契約
・以後の契約更新回数に制限を設けた契約
・「今回の契約をもって契約を終了し、次回の契約更新はしない」という雇止め付き契約

　これらの条件を盛り込んで契約を行う場合、労働者がその内容に同意しているのであれば契約を締結すること自体は問題ありません。ただし、賃金が最低賃金を下回る金額である場合や、法に定められた労働時間を超える就業時間の延長がなされている場合など、法に違反するような条件変更は無効になります。

■ アルバイトやパートを正社員として登用する

　パートタイマーとして採用している労働者の中から、ある一定の基準をクリアする人を正社員として採用するという方法は、人材確保の一環として有効といえ、パートタイマーの労働意欲向上にもつながります。パートタイム労働法でも、パートタイマーの**正社員転換制度**の

設置が義務付けられています。具体的には、事業主が正社員の募集をかける際にはその募集内容を雇っているすべてのパートタイマーにも周知しなければなりません。また、正社員の配置を新たに行う場合に、配置の希望を申し出る機会をパートタイマーに与えなければなりません。その他にも、事業主には正社員転換試験制度など、パートタイマーの正社員転換制度の整備が求められています。

パートタイマーという働き方については、法的に明確な定義があるわけではなく、その会社ごとの事情によって定めることができます。したがって、正社員との違いも会社によってさまざまで、一般的には以下のような条件上の違いが見られます。

① **労働時間**

一般的にパートタイマーは正社員に比べ労働時間が短く、事業主には所定労働時間を超えた残業や休日出勤をさせないように配慮することが求められています。

② **賃金**

パートタイマーの賃金について、事業主は正社員と格差がないような配慮を行うよう努力しなければなりません。なお、パートタイマーは時給制が採用されることが多く、勤務時間数に賃金が左右されるため、正社員に比べ収入が不安定です。

③ **休暇や休業の制度利用**

有給休暇や育児休業などは、所定労働時間や日数など一定の条件を満たしていればパートタイマーでも取得する権利がありますが、取得率が高いとはいい切れないのが現状です。

④ **昇進等の制度**

正社員になれば昇進・昇給の対象とされる反面、責任が増大し、異動や配置転換の対象になる可能性もあります。

⑤ **福利厚生**

事業主は、正社員が利用する福利厚生施設について、パートタイ

マーに対しても利用機会を与えるように配慮しなければなりません。ただし、社会保険加入や福利厚生の利用については、現状として正社員の方が利用しやすい環境に置かれています。

　労働者にとっては、賃金などの面で正社員になるメリットは大きいと思われますが、人によっては、「育児や介護をすべき家族がいる」「被扶養者でいる方が好都合である」「責任の増大による精神的ストレスを受けたくない」などの事情であえてパートタイマーを選択することもあります。したがって、パートタイマーを正社員にする段階において、まずは労働条件や処遇の違いを明確に示し、企業と労働者双方の要望が合致しているかどうかを双方が十分に確認することが必要です。

■ 有期から無期へ転換されるケースがある

　有期労働契約を締結するパートタイマーにとって、いつ訪れるかわからない雇止めに対する不安は切実なものがありました。それに伴い、有期労働契約が無期労働契約へ転換する制度に関する内容が規定されています（労働契約法18条１項）。

　具体的には、同じ事業主の下で有期労働契約が繰り返し行われており、その期間が通算して５年を超えた場合は、労働者側が申込みを行えば有期の労働契約が無期の労働契約に転換されるという内容です。つまり、同じ使用者と締結していた労働契約の通算期間が５年を超えれば、労働者は労働契約を無期のものに転換するように申し込むことができる、ということです。使用者は、労働者の転換申込みを自動的に承諾したとみなされるため、使用者側が転換申込みを拒否することはできません。無期の労働契約に転換した際の労働条件は、原則として有期の労働契約を締結していたときと同じです。

　契約社員と何度も更新を繰り返すケースもあるため、管理監督者としては「５年以内か、５年超か」という点に注意する必要があります。

20 パートタイマーの雇止めのルールをおさえておこう

契約を更新しない際には相応の措置が必要である

■■ 契約の更新についての考え方を提示しておく

　パートタイマーとの労働契約を有期契約とする企業が多くあります。有期契約は定められた期日をもって契約が解消されることを前提とした契約で、期日をもって使用者と労働者の関係は終了しますが、必要に応じて契約を更新することも可能です。

　このような有期労働契約について、厚生労働省は「**有期労働契約の締結、更新および雇止めに関する基準**」を策定しています。

　この基準によると、事業主が労働者と有期労働契約を結ぶ場合は、更新の有無および更新についての判断基準をあらかじめ提示しておくことが必要です。具体的には、①特別の事情がない限り自動更新する、②契約期間満了のつど更新の可否を判断する、③特別の事情がない限り契約の更新はしない、などの明示が義務付けられています。

　また、事業主が1年以上雇用している労働者と契約を更新する場合は、契約期間を必要以上に短くすることなく、契約の実態や労働者の希望に応じ、できるだけ長くするように努めることなども基準により示されています。

　これは、期間の定めのない契約をする正社員に比べ、有期契約の労働者が「雇止め」に対する不安など、保護に欠ける状態にあることから、労働環境の改善を目的として策定されたものです。使用者にはこの基準を遵守する努力が求められています。

　また、契約更新が繰り返し行われている有期労働契約は、年次有給休暇の取得や契約解除の際において、「期間の定めのない契約」と同等に扱われます。

■ 契約を更新しない正当な理由が必要である

　有期労働契約の更新において生じる可能性が高い問題は、会社側が「契約更新をしない」という決定をしたときで、これを雇止めといいます。本来は、契約期間が満了した時点で雇用関係は消滅しますが、契約更新を何回か繰り返していると、労働者側としては次の契約更新を期待するものです。判例でもその心情を認める場合があり、その場合は有期契約であっても「期間の定めのない契約」と同等であるとみなしています。

　そこで、正当な理由なく契約更新しない雇止めは解雇と同等とみなされます。この場合は「契約期間が満了したから」という理由で契約を終了させることが「解雇権の濫用」と判断され、雇止めが認められない場合があります。正当な理由がないかの判断は、雇止めに対して労働者が拒否をし、契約更新の意思表示を示した場合に行われます。

■ 契約終了時に行う措置内容とは

　「有期労働契約の締結、更新および雇止めに関する基準」では、有期労働契約により雇用していた労働者との契約を終了する際には、以

■ パート従業員と雇止め

```
┌─────────────┐      ┌─────────────┐
│ 契約期間の定めが │─────▶│ 契約期間の経過と共に│
│ ある場合      │      │ 雇用関係終了   │
└─────┬───────┘      └─────────────┘
      │
      ▼
┌──────────────────────────┐
│     何度かの更新あり         │
│ ・実質的に期間の定めなし      │
│ ・契約が3回以上更新          │
│ ・雇用期間が1年以上          │
│ ・契約更新により雇用期間が通算1年以上 │
└─────┬────────────────────┘
      │
      ▼
┌─────────────┐      ┌──────────────────────┐
│ 契約期間の定めが │─────▶│ 解雇として規制を受ける        │
│ ない場合      │      │ (30日前までに解雇予告または   │
│            │      │ 30日分以上の解雇予告手当)    │
└─────────────┘      └──────────────────────┘
```

下のような措置をとるように使用者に求めています。
① 「1年以上雇用している労働者」「有期労働契約が3回以上更新されている労働者」「有期労働契約の更新により雇用期間が通算1年を超える労働者」と契約を更新しない場合は、少なくともその契約期間満了日の30日前までに、その予告をすること
② 前述した①の予告をした場合に、労働者が契約を更新しない理由についての証明書などを請求した場合は、遅滞なく交付すること
③ 有期労働契約を更新しなかった場合に、労働者が更新しなかった理由について証明書を請求したときは、遅滞なく交付すること

なお、契約更新をしない正当理由には「契約更新回数の上限をあらかじめ契約書に明示している」「担当業務が終了・中止した」「無断欠勤・遅刻など、勤務態度が悪く、注意しても改善されない」などがあります。

■ 雇止め付き契約とは

期間の定めのある労働契約について、何度か契約更新をした後に使用者が契約の更新を拒否することを雇止めといいますが、雇止めを最初に契約書に明示した上で契約を締結することを「雇止め付き契約」と呼んでいます。

雇止め付き契約の契約期間中は労使関係が保証されています。使用者側には、契約終了時にトラブルなく雇用を終了させることができるというメリットがあります。また、労働者側には、あらかじめ会社側に契約更新の意思がないことを知らされることで、契約期間中に次の職場を探すだけの時間的余裕が得られるというメリットがあります。

なお、雇止め付き契約を締結する場合は、「期間終了後は契約が更新されないこと」を事前に明確に伝えておくことが非常に重要です。

21 会社都合による休業について知っておこう

使用者の都合で従業員が就業できなかったときに支払われる

■ 休業手当とは

休業とは、労働契約上労働義務のある時間について労働ができなくなることです。一斉休業・1人だけの休業、いずれも認められます。休業時間に縛りはなく、1日のうち一部だけの休業も含まれます。

労働基準法26条は、使用者の責任による休業の場合、労働者に対して平均賃金（原則、過去3か月に支給された賃金の総額÷同期間の総日数）の60％以上の手当を**休業手当**として支払わなければなりません。

休業手当を支払う場合、雇用調整助成金の利用を検討するのがよいでしょう。**雇用調整助成金**とは、経済上の理由による企業収益の悪化により事業活動の縮小を迫られた事業主が、従業員を一時的に休業、教育訓練または出向をさせた場合に、休業、教育訓練または出向についての手当や賃金等の一部を助成する制度のことです。

なお、判例によれば、休業手当支払義務は使用者の行った合理的な理由のない解雇についても適用されるため、解雇が無効となった場合、労働者に解雇期間中の平均賃金の少なくとも60％を保障しなければなりません。

■「使用者の責めに帰すべき事由」とは

休業手当の対象となる「使用者の責めに帰すべき事由」とは、使用者が休業となることを回避するために社会通念上の最善の努力をしたかが問題となります。

つまり、天災事変などの不可抗力に該当しない限りこれに含まれ、原材料の欠乏、親会社の経営難による店舗休業、違法な解雇による休

業、監督官庁の勧告による操業停止などによって休業した場合は、使用者に休業手当の支払義務が生じます。

一方、天災事変など休業の帰責事由が労使どちらにもない場合は、就業規則、労働協約などの定めに従うことになるため、事前に「休業手当についての規定を盛り込むことが重要です。不可抗力に該当する具体例としては、天災事変以外に電休（電力供給がなくなること）による休業、労働安全衛生法に基づく健康診断の結果による休業、計画停電（実際に行われなかった場合も含む）、インフルエンザやノロウイルスなどの影響による保健所指導、などが挙げられます。

■■ 派遣労働者の場合の休業手当

派遣中労働者については、派遣元と派遣先の複数の使用者が存在しますが、たとえば派遣先の事業場が天災事変などの不可抗力で操業できないために派遣労働者がその事業場で就業できない場合は、派遣先ではなく派遣元の使用者について帰責事由が判断されます。

具体的には、派遣元の使用者が派遣労働者を他の事業場に派遣する可能性などを含めて判断することになります。

■■ 1日の一部だけ休業した場合

1労働日が全休となった場合の他、1労働日の所定労働時間の一部が休業となった場合も休業手当を支払います。休業手当は、1労働日全く就労しなくても平均賃金の60%を保障することになるため、一部就労で労働した時間の割合で賃金が支払われていても実際に支払われた賃金が平均賃金の60%未満の場合は、60%との差額を支払う必要があります。なお、休業手当も賃金であるため、支払いに際しては、賃金支払いの5原則（通貨払いの原則、直接払いの原則、全額払いの原則、毎月1回以上払いの原則、一定期日払いの原則）が適用されることに注意しましょう。

22 産休・育児休業について知っておこう

出産や育児中の母体保護や生活保障のための制度がある

■ どのような法律の規定があるのか

妊娠・出産・育児に関する制度には、①産休や育児時間（妊婦の取得できる産前産後休業や、妊産婦が請求した場合の時間外労働や深夜業禁止制度、さらに生後満1年に達しない子供を育てる女性が就業時間中に1日2回各々少なくとも30分、育児のための時間を請求できる制度）、②出産育児一時金・出産手当金（健康保険法の、出産における生活保障制度）、③ 不利益取扱いの禁止（男女雇用機会均等法による制度で、妊娠出産を理由とした解雇等の不利益な取扱いをしないことや保健指導などの時間の確保をすること）があります。

■ 産休はどんな場合にとれるのか

産前産後の休業は、働く女性すべてに認められる権利です。6週間（双子などの多胎妊娠の場合は14週間）以内に出産することが予定されている女性が休暇を請求した場合、使用者はその者を就業させてはいけません。また、出産後6週間を経過するまでは、女性従業員からの請求の有無にかかわらず休業させる必要があります。ただ、産後6週間を経過した者については、女性が就労したいと請求した場合、医師が支障ないと認めた業務につかせることが認められています。

産前休業と産後休業では性質が異なるため、就業規則などで「産前産後あわせて14週間を産前産後休業とする」という規定を設けることはできません。

■■ 育児休業とは

　飲食業では、家事の経験を活かせることから、既婚女性がパートとして働いていることも多いようですが、正社員でなくても、原則として1歳未満の子を養育しており、雇用期間が1年以上で、子の1歳到達日以降も退職の予定がない従業員は、事業主に申し出ることで育児休業を取得することができます。もちろん、この要件は正社員であっても同様で、男女を問わず取得できます。期間は原則として「出生～子の1歳到達日」までの1年ですが、保育所に空きがない場合は1歳6か月まで延長できます。また、男性の育児休業の取得を促す制度に**パパ・ママ育休プラス制度**があり、両親が共に育児休業をとると、休業期間が1歳2か月到達日まで延長できます。

　また、育児休業中は従業員側も金銭面の心配がありますが、生活保障のための給付として育児休業給付金という制度があります。雇用保険の被保険者で、育児休業開始日前2年間に勤務日が11日以上ある月が12か月以上ある従業員が、事業主に対して申し出た場合に支給対象になります。支給対象者が就業日数や賃金に関する支給要件を満たすと、育児休業給付金が支給されます。育児休業給付金の支給対象期間は、産後休業の経過日の翌日から子が満1歳（パパ・ママ育休プラス制度の場合1歳2か月）となる日の前日までです。支給額は原則として休業開始時賃金日額の50％、平成26年4月1日以降に開始した育児休業については育児休業開始後180日目までは67％です。

■■ 看護休暇とは

　子の養育をしながら働く従業員に認められている育児のための休暇制度です。小学校就学前の子を養育する従業員（男女問わず）が申し出ることで1年度につき5日（小学校就学前の子が2人以上いる場合には10日）を限度に、病気やケガの子の世話のために取得できます。子の看護には、予防接種や健康診断も含まれています。事業主は看護休

暇の申し出を拒絶できず、年次有給休暇で代替させることもできません。

■ 子が3歳到達までの期間の労働時間の配慮

　事業主は3歳までの子を持つ従業員に対して、仕事と子育てが両立できるよう、①短時間勤務制度、②所定外労働の免除、③法定時間外労働の制限、④看護休暇、⑤深夜業の制限、の措置をとることが義務付けられています。短時間勤務制度においては、日雇いの従業員や1日6時間以下勤務の従業員は対象外です。また、継続雇用1年未満または所定労働日数が1週間に2日以下の従業員や、短時間勤務制度の適用が困難な従業員の場合は、労使協定により対象外にできます。

■ 子が小学校就学までの期間の労働時間の配慮

　事業主は、小学校就学前の子どもを養育する従業員が仕事と子育ての両立ができるよう、従業員が申し出または請求を行った場合は、①法定時間外労働（月24時間・年間150時間）の制限、②看護休暇、③深夜業の制限、の措置をとることが義務付けられています。なお、前述の措置は、子が3歳到達までの期間から引き続き適用されています。

■ 子育てをする労働者に対する企業側の対応

	内容・企業の対応
育児休業制度	原則として子が1歳になるまで。子の小学校就学まで育児休業に準じる措置についての努力義務
所定労働時間の短縮	子が3歳までは義務、子の小学校就学まで努力義務
所定外労働の制限	子が3歳までは義務、子の小学校就学まで努力義務
子の看護休暇	子の小学校就学まで義務
時間外労働の制限	子の小学校就学まで義務
深夜業の免除	子の小学校就学まで義務
始業時刻変更などの措置	子の小学校就学まで努力義務

23 介護休業と労働時間をめぐる法律について知っておこう

家族の介護をする労働者のサポート制度

■ 介護休業とは

　従業員が、要介護状態にある家族を介護することが必要な場合に、事業主に申し出ることによって介護休業制度を利用することができる制度を**介護休業**といいます。

　根拠法である介護休業法は、企業や事業所の規模や業種を問わず適用され、就業規則等に制度を定めておく必要があります。しかし、厚生労働省や各自治体の調査では、おしなべて飲食業や宿泊サービス業が就業規則に介護休業制度の定められていない業種の上位を占めます。介護休業は、ケガや病気、加齢などの事情で2週間以上にわたり常時介護を必要とする要介護状態にある対象家族を介護する従業員が取得できます。対象家族とは、配偶者または事実婚関係者、父母および子、養父母、養子、配偶者の父母、労働者が同居し、扶養している祖父母、兄弟姉妹および孫をいいます。

　ただし、介護休業の申し出は、原則として対象家族1人につき「要介護状態に至るごとに1回のみ」と限られています。

　従業員は、介護休業を取得する場合、休業開始予定日の2週間前までに申し出ます。事業主は、申し出を受けた場合は原則として拒否や期間の変更をすることはできず、介護休業を取得したことを理由に解雇や就業制限などの不利益な扱いをすることも禁じられています。

　確かに小規模の飲食店の場合、従業員の休業を容易に認めることは難しい状況にあるのが実情かもしれませんが、法律上は介護をする労働者を保護する方向で規制が整備されていますので、飲食店経営者はその点をふまえて対応しなければなりません。

なお、介護休業期間中は、事業主に賃金を支払う義務はありませんが、介護休業中の経済的負担を軽減するための**介護休業給付金**という制度を活用するように、従業員に案内しておきましょう。

介護休業給付金は、雇用保険の被保険者で、介護休業開始日前の2年間に勤務日が11日以上ある月が12か月以上ある従業員が、事業主に対して介護休業の開始日・終了日を申し出た場合に支給対象になります。介護休業給付金の支給対象期間は「1人の家族につき介護休業開始日から最長3か月（93日）間」です。支給額は、原則として休業開始時賃金日額（介護休業開始前の6か月間の賃金÷180）の40％で、1か月あたりの支給上限額は170,520円です。介護休業給付金の支給期間中に事業主から賃金が支払われている場合は、支給額が変わります。

■ 介護のために労働時間の配慮が必要

介護休業とは別に**介護休暇**という制度があります。介護休暇とは、1年度につき要介護状態の対象家族が1人であれば5日間、2人以上であれば10日間の休暇を取得することができる制度です。介護休業は要介護者1人につき1回と限られているため、利用は長期間の介護が必要な場合に限られます。しかし介護休暇制度であれば、ヘルパーが急用で来られない場合など、短期間の介護が必要になったときも休暇を取得することができるので、忙しい時期でも比較的取得しやすいといえるでしょう。

また、介護休暇以外にも、以下のような勤務時間の制限があります。従業員が要望した場合、事業主は、事業の正常な運営を妨げる場合を除き、拒否することはできません。

・時間の制限（1か月について24時間、1年について150時間を超える労働で、1回の請求につき1か月以上1年以内が認められます）
・深夜業の制限（午後10時から午前5時までの労働で、1回の請求につき1か月以上6か月以内が認められます）

24 休職と休職中の給与について知っておこう

体調不良の社員に休職命令できるようにしておく

■ 休職とは

　飲食業では、長時間労働の傾向があることや、不規則な休暇環境などが相まって、従業員が身体的、精神的に不調が生じて働けなくなることも多いようです。このような場合、事業主が従業員に対して一定期間の労働義務を免除する制度、一般にいう休職制度があります。

　休職は、労働基準法に根拠があるわけではなく、各々の事業主が就業規則で定めるのが通常であり、認めているケースはさまざまです。

　業務外の負傷・疾病で長期間休業する場合の私傷病休職、私的な事故による事故休職、刑事事件により起訴された場合に社会的信用の維持や懲戒処分が決定されるまでの起訴休職、不正行為を働いた場合の懲戒休職、他社への出向に伴う自社での不就労に対応する出向休職、労働組合の役員に専念する場合の専従休職、海外留学や議員など公職への就任に伴う自己都合休職などがあります。

■ 休職の手続き

　休職はほとんどの場合、従業員本人からの請求により休職することになりますが、客観的に就業できない状況にもかかわらず、本人に休職する意思がないときは、事業主が命令で休職させることがあります。ただし、休職命令は不利益処分になりますので、十分な注意が必要です。

　事業主が休職命令を出して休職させるためには、まず就業規則に規定する必要があります。

　休職は労働基準法には特別な定めはなく、一般的に就業規則で定められます。休職事由やその期間も事業主が任意に定めることができま

す。休職期間中の賃金の支払いについても、事業主が決めることができるため、休職期間の賃金を支払わないという形で休職制度を整備することもできます（従業員は社会保険の手当などを受けることは可能です）。

■■ 休職者がでた場合の給与計算事務

休職者が発生した場合、通常の従業員とは異なり保険料や税金の扱いが異なるため、いざという時のために知っておく必要があります。

・労働保険料の取扱い

たとえば、労働保険料の場合は休職中の従業員に対する労働保険料は発生しません。賃金の一部が支給される場合は、その支給された一部の賃金に保険料率を掛けたものが労働保険料になります。健康保険より傷病手当金が支払われた場合でも、傷病手当金は賃金ではないため雇用保険料はかかりません。労働保険料の年度更新の際に休職者が発生し、賃金の不支給または減額が生じた場合は保険料算出の基礎から除外されます。

休職の原因が業務上の災害の場合、事業主が３日分の休業補償を行いますが、これは雇用保険法上の賃金ではないため労働保険料算定の基礎から除外されます。一方、事業主都合による休業の際に支払った休業手当は賃金であるため、労働保険料計算の基礎になります。

・健康保険料・厚生年金保険料の取扱い

健康保険や厚生年金保険の場合は、労働保険と異なり原則として賃

■ 労働者が休職した場合の労働保険料・社会保険料

労働保険	→	・賃金が発生しなければ労働保険料は発生しない ・年度更新で概算保険料と確定保険料の差額を調整する
社会保険	→	・休職してもそれだけでは保険料の額は変更しない ・労働者負担分は銀行振込などで会社に対して支払ってもらう

第４章 ◆ 従業員を雇った場合の法律知識

金の有無・増減による保険料変動はありません。そのため、たとえば休職者が発生しても事業主は保険料を納付しなければなりません。

休職により賃金から控除できなかった従業員負担分の保険料については、振込依頼書などを送付し、事業主の口座に本人負担分の金額を振り込んでもらうのがよいでしょう。ただし、休職者は収入が激減している場合が多いため、従業員負担分の保険料を事業主が立て替え、復職時に分割して請求するケースがあります。この場合に肩代わりした保険料は給与として扱われるため、注意が必要です。

・所得税や住民税の取扱い

所得税や住民税の取扱いは、まずは所得税は給与の支給がない場合は発生しません。一方、住民税は、毎年6月より一年間の納付額が決まっています。休職で賃金が支払われない場合は、事業主が本人に請求し、事業主に対して支払ってもらうという手続きをとります。

■■ 休職からの復職

休職については、ほとんどの場合、休職事由に応じた休職期間が設定されますので、休職期間満了と同時に復職することになります。

休職期間の満了時に休職事由が消滅していない場合の取扱いについては、就業規則で定めることになりますが、一般的な運用では自然退職や解雇ということになります。

なお、メンタルヘルス疾患にかかった従業員が復職する際に、最初から以前と同程度の仕事をこなすよう要求することは、ある程度の期間仕事から離れていた従業員にとって大きな負担になってしまいます。メンタルヘルス疾患にかかった従業員を復職させるために、段階的に従業員にかかる仕事上での負担を増やしていくことをリハビリ勤務（リハビリ出勤）といいます。ある程度軽易な業務から復職させるというリハビリ勤務によって、様子を見て、徐々に仕事の量を増やして、段階的に元の状態に戻していくことをめざします。

25 従業員の健康診断やストレスチェックについて知っておこう

事業主は労働者の心身の健康に留意する必要がある

■■ 健康診断の種類

　事業主は、労働者に対して**健康診断**を受けさせなければならないという、法律上の義務があります。そして、健康診断の結果に基づき、労働者の健康を維持するための措置について医師の意見を聴く必要があり、その上で医師の意見をふまえて、労働者の健康を維持するために必要がある場合には、就業場所の変更や深夜業の回数の減少など必要な措置を講じることになります。

　健康診断には、労働者に対して定期的に実施する一般健康診断と、危険な業務に従事する労働者に対して行う特殊健康診断があります。

　一般健康診断には、①雇入時の健康診断、②定期健康診断、③特定業務従事者への健康診断、④海外派遣労働者に対する健康診断、⑤給食従業者の検便、があります。

　飲食店においても、労働者を雇い入れた際は、所定の項目の健康診断を行わなければなりません（雇入時の健康診断）。また、1年以内ごとに1回、定期的に所定の項目の健康診断を行わなければなりません（定期健康診断）。

　会社は、労働者の健康を維持するという観点から、異常の所見の有無にかかわらず健康診断の結果を労働者へ通知しなければなりません。

　健康診断にかかる費用は、健康診断の実施が法律で定められた事業者の義務であるため、原則として事業者が負担します。

■■ 医師による面接指導が行われる場合とは

　過重労働による健康障害を防止するため、すべての規模の会社に対

して、長時間労働者に対しての医師による面接指導の実施が義務付けられています。面接指導の対象となる労働者は、週40時間を超えて労働した場合で、その超えた時間が1か月当たり100時間を超え、かつ、疲労の蓄積が認められる労働者です。

　前述の要件に該当する労働者から申し出があった場合には、事業者は、原則として医師による面接指導を行わなければなりません。

　また、面接指導の実施後、会社側は労働者の健康を守るために行うべき措置について医師の意見を仰ぎます。その上で、必要性に応じて、作業転換や労働時間の短縮措置などの実施をしなければなりません。

　また、事業者は、週40時間を超える労働が1か月当たり80時間を超えたことにより疲労の蓄積が認められ、または健康上の不安を有している労働者に対しても面接指導、あるいはそれに準じる措置を行うように努めなければなりません。

■■ 安全衛生法改正によるストレスチェックの義務化

　平成26年6月の労働安全衛生法改正により、「職場におけるストレスチェック（労働者の業務上の心理的負担の程度を把握するための検査）が義務化（当面は、従業員50名以下の事業所は努力義務）」されました。**ストレスチェック**とは、いわば定期健康診断のメンタル版で、会社側が労働者のストレス状況を把握することと、労働者側が自身のストレス状況を見直すことができる効果があります。

　具体的には、労働者にかかるストレスの状態を把握するため、アンケート形式の調査票に対する回答を求めます。内容は、仕事状況や職場の雰囲気、自身の状態や同僚・上司のコミュニケーション具合など、さまざまな観点の質問が設けられています。ストレスチェックで使用する具体的な内容は、会社が自由に決定することができますが、厚生労働省のホームページから「標準的な調査票」を取得することも可能です。職場におけるストレスの状況は、職場環境に加え個人的な事情

や健康など、さまざまな要因によって常に変化するものです。そのため、ストレスチェックは年に一度以上の、定期的な実施が求められています。まずは、平成28年11月末までに第1回目のストレスチェックを実施することが求められています。

ストレスチェックを受けることは労働者の義務ではありませんが、会社は拒否をする労働者に対して、ストレスチェックによる効果や重要性について説明した上で、受診を勧めることが可能です。

ストレスチェック制度の対象となるのは、労働者が50人以上いる会社です（当面は、従業員50名以下の事業所は努力義務）。この要件に該当する場合は、年に1回以上のストレスチェックの実施が求められています。なお、対象となる労働者は、常時雇用される労働者で、一般健康診断の対象者と同じです。無期雇用の正社員に加え、1年以上の有期雇用者で、正社員の4分の3以上の時間に働いているパートタイム労働者やアルバイトもストレスチェックの対象です。ただし、派遣労働者の場合は、所属する派遣元で実施されるストレスチェックの対象になります。

■ 健康診断の実施手順

① 健康診断の実施
必要な健康診断を実施後、労働者ごとに「異常なし」「要観察」「要医療」等の診断区分に関する医師等の判定を受ける

② 二次健康診断の受診勧奨等
医師の診断結果により二次健康診断対象者を把握し、受診の勧奨・二次健康診断結果の提出の働きかけを行う

③ 医師等の意見聴取
事業者は必要に応じて労働者の作業環境や作業負荷の状況、過去の健康診断の結果等の情報を提供した上で、医師から健診結果への意見聴取を行う

④ 就業上における措置決定
意見聴取後、労働者自身の意見を聞いて十分に話し合い、就業区分に応じた措置を決定する

26 セクハラと企業の責任について知っておこう

セクハラが生じないようにするための体制を構築する必要がある

■ どのような分類がなされているのか

職場における**セクシュアル・ハラスメント**（セクハラ）とは、職場における性的な言動により、労働者の就業環境を害することをいいます。

職場のセクシュアル・ハラスメントには、対価型（性的関係の要求を拒否した場合に労働者が不利益を被る場合）と環境型（就業環境を不快にすることで、労働者の就業に重大な支障が生じる場合）があります。

たとえば、店長（上司）が部下のスタッフに対して性的な関係を要求したものの、拒否されたことを理由にその労働者を解雇する場合や降格させる場合、などが対価型セクハラの例です。

また、労働者の身体に対する接触行為や、店内にヌードポスターの掲示といった行為により労働者の就業に著しい不都合が生じる場合が環境型セクハラの例です。

セクハラにあたるかどうかの判断については、男女の認識の仕方によってもセクハラと感じるかどうかは変わってきます。そのため、労働者の感じ方を重視しつつも、一定の客観性を考慮した上でセクハラにあたるかどうかを判断することになります。一般的な女性労働者の感じ方・一般的な男性労働者の感じ方を基準にセクハラにあたるかどうかを考えることになりますが、実際にはセクハラの判断はケース・バイ・ケースで判断していくことになるでしょう。

なお、セクハラの場合、男性が加害者、女性が被害者というケースが目立ちますが、女性による男性に対するセクハラも想定されます。事業主は女性スタッフだけでなく男性スタッフもセクハラによる被害

を受けないような体制を構築しなければなりません。具体的には、事業主は就業規則などに職場におけるセクハラに対する方針やセクハラの内容を明示して従業員に広く知らせる必要があります。

■ 相談を受けたら具体的に何をすべきか

実際にセクハラ被害などについて相談を受けた場合、まずは相談者からの訴えを十分に聞くことが重要です。相談者は1人で悩み、意を決して信頼できると思える相手を選んで相談を持ちかけているはずです。不用意な対応をすると、その信頼を裏切ることにもなりかねませんので、慎重に対応すべきでしょう。次に、必要になるのが事実確認です。たとえ被害者からの訴えであったとしても、当事者の一方の話を聞くだけで対応を決めることはできません。直接加害者とされている人に話を聞く他、事情を知っていそうな同僚などからも情報を収集します。客観的な事実を確認した場合、必要に応じて迅速に対応すると共に、同じ問題が起きないよう、店内で防止策を講じるようにします。

また、相談した被害者のプライバシーが侵害されたり、相談したことを理由に不利益を被ることがないよう配慮しなければなりません。

■ セクハラが訴訟になったとき

場合によっては、セクハラが原因となり訴訟まで発展する可能性があります。この場合、被害者は、直接の加害者に対して不法行為責任（民法709条）を追及（損害賠償請求）してくるでしょう。一方、飲食店は、セクハラを行った加害者に対する使用者としての責任（民法715条）を問われます。会社側の対応に非があったケースで、加害者本人だけではなく、会社側の使用者責任を認めた判例もあります。

裁判で争うとなると、一定の法律知識や訴訟対策が必要になるため弁護士などに相談してみるとよいでしょう。その上で、直接の加害者と入念に話し合い、対策を立てる必要があります。

27 パワハラの意味と責任について知っておこう

加害者と会社の双方が法的責任を負う

■ パワハラとは

　パワーハラスメント（パワハラ）とは、職務上の地位や職権を利用して嫌がらせをすることをいいます。

　具体的には、不合理な命令、過剰な指導、被害者の人格を無視した行為などを指します。不合理な命令とは、たとえば、仕事の内容をその部下だけに伝えなかったり、わざと仕事を与えなかったり、他の人が参加する打ち合わせに参加させない、といった行為のことです。

　また、実現することが不可能なノルマを課したり、そのスタッフの担当する業務とは無関係な仕事をさせるような場合は、過剰な指導にあたります。人格を無視した行為とは、その労働者を無視したり、誹謗中傷するといった行為の他、その労働者を孤立させるような行動も該当します。

　パワハラが原因で労災申請が認められることもあるため、労務管理上において配慮する必要があります。

　なお、厚生労働省による平成24年1月の報告では、職場のパワーハラスメントについて、「同じ職場で働く者に対して、職務上の地位や人間関係などの職場内の優位性を背景に、業務の適正な範囲を超えて、精神的・身体的苦痛を与えるまたは職場環境を悪化させる行為」と定義しています。

■ パワハラ被害を防止するための対策

　パワハラを防止するには、さまざまな角度から複数の対策を講じる必要があります。具体的には、①店内における相談窓口の設置、②ス

タッフや店長・マネージャーへの教育研修の実施、③店内での調査の実施、④パワハラ被害者に対する仕事復帰へのサポート、⑤弁護士などの専門家を介しての体制強化、などの事柄が挙げられます。

■ 教育・指導の中でのパワハラ

パワハラが、仕事を教育・指導する中で行われるケースがあります。遂行不可能な仕事であってもスタッフ（部下）の成長のために必要だと考えて店長（上司）が多くの量の仕事を与えている可能性があります。また、能力や経験とかけ離れた内容の業務命令であっても、仕事の基本を覚えさせるという意図があってあえてその仕事を与えているのかもしれません。仕事の教育・指導なのか、それともパワハラになるのかは線引きが難しいといえます。一応、仕事上で必要な教育・指導の範囲内でなされる行為であればパワハラにはならず、「嫌がらせ」であればパワハラになるという基準を用いることができます。しかし、実際には、ケース・バイ・ケースで判断していくことが必要になります。

■ 店側の責任はどうなる

実際にパワハラと疑われる行為があった場合、被害者と加害者の双方から事情を聴取して事実関係を見極めることが重要です。

従業員が業務の中で第三者に損害を与えた場合には、従業員が所属している使用者も、使用者責任として損害賠償責任を負います。したがって店長やスタッフがパワハラを行った場合、その加害者だけではなく店にも使用者責任があるとして、被害者に対して損害賠償責任を負うことになります。

また、店が被害者と労働契約を締結していた場合、労働契約から付随して生じる義務である「働きやすい職場環境づくり」を怠ったとして、債務不履行責任に基づく損害賠償責任も負うことになります。

28 労災について知っておこう

雇用形態を問わずすべての労働者が対象になる

■■ 労災保険は仕事中・通勤途中の事故を対象とする

労働者災害補償保険（労災保険）は、仕事中や通勤途中に発生した労働者のケガ、病気、障害、死亡に対して、迅速で公正な保護をするために必要な保険給付を行うことを主な目的としています。

労働者を1人でも使用する事業であれば強制的に適用事業となります。適用は、事業所ごとになされます。本社の他に店舗などがある会社については、各店舗がそれぞれ独自に労災保険に加入することになります。ただ、支店などで労働保険の事務処理を行う者がいないなどの一定の理由がある場合には、本社で事務処理を一括して行うこともできます。

■■ 労災保険が適用される労働者と保険料

労災保険の対象となる労働者については、その事業所で労働者として働いている者すべてに労災保険が適用されます。労働者とは、正社員だけでなく、アルバイト・日雇労働者や不法就労外国人であっても、賃金を支払われているすべての人が対象になります。ただし、代表取締役などの会社の代表者は労働者ではなく使用者であるため、原則として労災保険は適用されません。

労働者かどうかの判断は、①使用従属関係があるか、②会社から賃金（給与や報酬など）の支払いを受けているかによって決まります。

労災保険の保険料は、業務の種類ごとに定められています。保険料は全額事業主が負担するため、給与計算事務において、労働者の給与から労災保険料を差し引くことはありません。

■ 業務災害

　労働者の仕事（業務）中に起きた事故によるケガ、病気、障害、死亡のことを**業務災害**といいます。業務上の災害かどうかは、労働者が事業主の支配下にある場合（業務遂行性）、および業務が原因で災害が発生した場合（業務起因性）、という2つの基準で判断されます。
　たとえば、以下のような災害が業務災害として認められます。

① **労働時間中の災害**
　仕事に従事している時や、作業の準備・後片付け中の災害は、原則として業務災害として認められます。用便や給水などによって業務が一時的に中断している間についても事業主の支配下にあることから、労働時間に含めることになっています。

② **昼休みや休憩中など業務に従事していないときの災害**
　事業所での休憩時間や昼休みなどの業務に従事していない時間については、店舗内にいるのであれば、事業主の支配下にあるといえます。

■ 労災保険の給付内容

目　的	労働基準法の災害補償では十分な補償が行われない場合に国（政府）が管掌する労災保険に加入してもらい使用者の共同負担によって補償がより確実に行われるようにする	
対　象	業務災害と通勤災害	
業務災害 （通勤災害） 給付の種類	療養補償給（療養給付）	病院に入院・通院した場合の費用
	休業補償給（休業給付）	療養のために仕事をする事ができず給料をもらえない場合の補償
	障害補償給（障害給付）	身体に障害がある場合に障害の程度に応じて補償
	遺族補償給（遺族給付）	労災で死亡した場合に遺族に対して支払われるもの
	葬祭料（葬祭給付）	葬儀を行う人に対して支払われるもの
	傷病補償年金（傷病年金）	療養開始後1年6か月を経過し一定の場合に休業補償給付又は休業給付に代えて支給されるもの
	介護補償給（介護給付）	介護を要する被災労働者に対して支払われるもの
	二次健康診断等給付	二次健康診断や特定保健指導を受ける労働者に支払われるもの

ただし、休憩時間などの業務とは関係ない行為は、個人的行為とみなされ、その行為で負傷した場合でも業務災害にはなりません。

しかし、その災害が事業場の施設の欠陥によるものであれば、業務に従事していない時間の災害であっても事業用施設の管理下にあるものとして、業務災害になります。

■ 通勤災害

通勤災害とは、通勤途中に発生した災害のことです。たとえば、労働者が通勤途中の駅の階段で転び、ケガをした場合などです。労災保険法では、通勤について、「労働者が就業に関し、住居と就業の場所との間などを合理的な経路および方法により往復することをいい、業務の性質を有するものを除くものとする」と定めています。

また、複数事業場で就労している者の事業所間の移動や、単身赴任者の赴任先住居と帰省先住居間の移動についても通勤に含まれます。

なお、通勤途中で通勤とは無関係な目的のため通常の通勤経路からいったん外れることを逸脱といいます。一方、通勤途中で通勤とは無関係の行為を行うことを中断といいます。逸脱・中断の間とその後は、日常生活上必要な行為である場合を除き、通勤には含みません。

■ 社内行事での事故はどうなるのか

たとえば、運動会、宴会などの社内行事に参加している際の被災には、業務遂行性はありません。

しかし、強制参加のイベントや職務としての参加、または通常出勤として扱われる場合などは、例外として業務遂行性が認められることがあります。

実務的には、運動会などの出場中の災害について、事業の運営に社会通念上必要と認められることと、事業主の積極的な特命によってされていることに該当すれば、業務上の災害と認定されます。

29 スタッフの過労・メンタルヘルス疾患について知っておこう

過重業務や異常な出来事による過重負荷の度合いが認定の基準となる

■ 過労死の認定基準

　長時間労働や激務などで疲労が蓄積し、脳血管障害や心臓疾患などの健康障害を起こして死亡することを**過労死**といいます。激務に就いたことでもともとの持病が急激に悪化し、脳や心臓の疾患などを発生させた場合も、業務が有力な原因と考えられ労災の対象となります。

　ただし、労働者の突然死の原因が労災によるものかを判断するのは、現代の医学水準をもってしても非常に難しいことです。

　そのため、過労死の労災認定については、厚生労働省公表の「脳血管疾患及び虚血性心疾患等（負傷に起因するものを除く）の認定基準」に従って判断します。この認定基準では、脳・心臓疾患は長く生活をする中で自然に発症することを前提としつつ、「業務による明らかな過重負担」が自然経過を超えて症状を著しく悪化させることがあることを認め、過労死の対象疾病として次のようなものを挙げています。

① **脳血管疾患**
　脳内出血（脳出血）、くも膜下出血、脳梗塞、高血圧性脳症

② **虚血性心疾患等**
　心筋梗塞、狭心症、心停止（心臓性突然死を含む）、解離性大動脈瘤

■ どんな要件があるのか

　過労死の対象疾病は、当然ながら仕事と関係なく自然に発症する場合があります。そこで、認定基準では、業務において次のような状況下に置かれることによって「明らかな過重負荷（脳・心臓疾患の発症を誘発する可能性があると思われる出来事）」を受け、そのことで発

症したと認められる場合に、労災として扱うとしています。
① 異常な出来事
　発症直前から前日までの間に、次のような事態に遭遇した場合です。
ア）「職場で起こった大きな事故を目撃した」など、業務に関連することで極度の緊張や興奮、恐怖、驚がくなど強度の精神的負荷を引き起こす突発的または予測困難な異常事態に遭遇した場合
イ）「作業中に海中転落した同僚を救助した」など、緊急に強度の身体的負荷を強いられる突発的または予測困難な異常事態に遭遇した場合
ウ）「事務員から急に現場作業に配転され、炎天下でなれない肉体労働をさせられた」など、急激で著しい作業環境の変化に遭遇した場合
② 短時間の過重業務
　発症前1週間程度の間に、特に過重な業務に就労することによって身体的・精神的負荷を生じさせたと客観的に認められる場合をいいます。ここでいう「特に過重な業務」とは、日常業務に比較して業務の量や内容、作業環境などが特に過重であること、また、同じ業務に従事する同僚にとっても特に過重な身体的・精神的負荷が生じると認められること、とされています。
③ 長期間の過重業務
　発症前6か月程度の間に、著しい疲労の蓄積をもたらす特に過重な業務に就労することによって身体的・精神的負荷を生じさせたと客観的に認められる場合をいいます。著しい疲労の蓄積をもたらす要因として特に重要視されているのが、労働時間です。認定基準では、次のような形で労働時間と発症との関連性を指摘しています。
ア）発症前1か月間から6か月にわたって、1か月当たり概ね45時間を超えて時間外労働時間が長くなるほど、業務と発症との関連性が徐々に強まる。
イ）発症前1か月間に概ね100時間または発症前2か月から6か月間

にわたって、1か月当たり概ね80時間を超える時間外労働が認められる場合は、業務と発症との関連性が強いと評価できる。

なお、②③において過重業務か否かを判断する際には、労働時間の他、不規則な勤務や拘束時間の長い勤務、出張の多い業務、交替制勤務や深夜勤務などの要因について十分に検討することが必要です。

近年は、過重労働を原因として労災が認定される事案が増えており、裁判所の判断でも、会社が従業員の健康に配慮する義務に違反したとして、会社責任を認める判例が増えています。ただし、「自己管理を怠った」として労働者側の落ち度を一定範囲で認める判例もあります。

■ 過労自殺にも判断基準がある

近年の社会問題の1つに、自殺者の多さが挙げられます。労働者に限れば、年間8000人～9000人前後という高い水準が続いています。

労災保険では故意による災害を給付対象としておらず、「自殺」は適用対象外とされています。一方、「過労自殺」については「正常な認識、行為選択能力が著しく阻害され、または自殺行為を思いとどまる精神的な抑制力が著しく阻害されている状態」に陥ったものと推定されることから、業務起因性を認めて適用対象とする、とされています。

そのため、自殺行為が生じた場合は「過労自殺」か「業務以外の原因による自殺」かを判別する必要があります。自殺の原因には業務によるものだけでなく、家庭環境、健康問題等の個人的な要因もあることから、業務と自殺の因果関係を認め労災認定をするにあたり新たな判断基準が必要になりました。そこで、厚生労働省ではその判断基準として「心理的負荷による精神障害の認定基準」を作成しています。

■ メンタルヘルス疾患の業務災害の認定基準

メンタルヘルス疾患については厚生労働省が発表している、「**心理的負荷による精神障害の認定基準**」という指針が参考になります。

メンタルヘルス疾患は、心理的負荷が業務に起因する場合に労災認定されますが、同じ心理的負荷を与えられても労働者個々のストレス耐性の差により、疾病の発病有無が変わります。

　そのため、業務による心理的負荷が発病との因果関係にあるかにつき、発病前の約6か月間に業務による強い心理的負荷がかかったかにより判断されます。この場合、労働者の個々の差、つまり労働者の主観に基づくのではなく、同じような業務につく一般的な労働者がどのように感じるのか、という観点から検討されます。

　「心理的負荷による精神障害の認定基準」の中では、新たに労働者の心理に負担がかかる場面を類型化して示しています。また、場面を類型化するだけでなく、その中でも労働者にかかる心理的負荷の程度に応じて「弱」「中」「強」に分けて具体例を呈示しています。業務による強い心理的負荷が認められるような場合には、業務中の疾病として、労災に該当する可能性も生じます。

　なお、労働者にかかる負荷がどの程度のものかについては、さまざまな要素を総合的に考慮して判断されます。労働者の心理に負荷がかかる出来事は必ずしも1つだけではなく、いくつかの出来事が重なって労働者の心理的負荷を強めることがあります。

　たとえば、1つひとつの事実を見れば、労働者には「中」程度の心理的負荷しかかかっていないと判断できるような場合でも、それが積み重なって労働者の心理的負担が増大しているような場合には、「強」程度の心理的負荷がかかっているものと判断されます。そして、さらに長時間労働が認められる場合には、労働時間が長ければ長いほどメンタル不調になりやすいため、心理的負荷の程度も強度が増すことになります。

　事業者としてはこの指針を参考にして、メンタルヘルスに関する疾患が業務災害に該当するかどうかを判断していくのがよいでしょう。

■ 長時間労働を伴う場合は、メンタル疾患で労災が認められやすい

労働者にとって心理的負荷となる出来事については、「業務による心理的負荷評価表」という形で類型化され、まとめられています。

それぞれの出来事について心理的負荷の程度が「強」「中」「弱」と分類されていますが、仕事の進め方に裁量権がない場合や、孤独で単調である場合、周囲の協力体制のない場合、騒音、照明といった職場環境の悪さも心理的負荷を強める一因と考えられています。

そして、特に恒常的に長時間労働が認められる場合は、心理的負荷は強いものとして評価されます。本来の心理的負荷が「弱」や「中」と評価されるような出来事であっても、その出来事の前後に1か月当たり100時間程度の残業をしている場合は、その長時間労働が心理的負荷に作用していると認められます。

出来事の心理的負荷に長時間労働の影響を勘案して総合的に評価されると、「弱」や「中」と評価されるものも「強」という評価になるとされています。心理的負荷が「強」と判断される場合は、メンタル不調の業務起因性が認められ、労災認定が認められやすくなります。

■ 業務の過重性の評価項目

チェック項目とその内容

- 労働時間
  時間の長さ・休日の有無
- 勤務体制（不規則かどうか）
  スケジュール・業務内容の変更の頻度・程度
- 勤務時間
  拘束時間・実労働時間・労働密度の実態
- 出張の実態
  出張の内容・頻度・距離、出張前後の扱い
- 交代制・深夜勤務の実態
  シフトの変更の頻度・程度、休日の割合、深夜勤務の頻度
- 勤務先の環境
  温度環境・騒音の有無・時差の有無
- 業務内容の特性（緊張を伴う業務かどうか）
  ノルマの厳しさ・時間的制約の有無・人前での業務・他人の人生を左右するような重要な業務など

30 労基署から監督や調査が入った場合はどうする

早期決着のために書面をそろえて迅速かつ誠実に対応する

■■ 監督署＝労働者の味方というわけではない

　労働基準監督署（労基署）というと、会社などの組織に対して是正勧告を出してもらえる労働者の味方として、とらえている労働者が多いようですが、労働基準監督署はあくまでも会社に労働基準法を遵守させるために設置された機関であって常に労働者の味方というわけではありません。労働基準監督官が実際に対応できる案件は、労働基準法の規定に違反している可能性があるものに限られています。たとえばスタッフの解雇が問題になるような場合、すべての事項について労働基準監督署で対応してもらえるわけではありません。解雇予告と解雇予告手当の支払については、労働基準法上の規定に従わなかった場合には労働基準監督署が介入してききますが、解雇の理由が妥当かどうかといった問題は労働基準監督署では扱いません。

■■ 調査や指導にはどんなものがあるのか

　労働基準監督署が行う調査の手法には、「呼び出し調査」と「臨検監督」の2つがあります。

　呼び出し調査とは、飲食店の事業所の代表者を労働基準監督署に呼び出して行う調査です。事業主宛に日時と場所を指定した通知書が送付されると、事業主は労働者名簿や就業規則、出勤簿、賃金台帳、健康診断結果票など指定された資料を持参の上、調査を受けることになります。**臨検監督**とは、労働基準監督署が事業所へ出向いて立入調査を行うことで、事前に調査日時を記した通知が送付されることもあれば、長時間労働の実態を把握するため、夜間に突然訪れることもあります。

また、調査が行われる理由の主なものとしては、「定期監督」と「申告監督」があります。**定期監督**とは、調査を行う労働基準監督署が管内の事業所の状況を検討した上で、一定の方針に基づき、対象となる事業所を選定して定期的に実施される調査のことです。一方、**申告監督**とは、労働者の申告を受けて行う監督です。近年ブラック企業などと呼ばれ、法律に違反して、もしくは法律ギリギリのところで、労働者を酷使することで利益を出している企業が問題視されています。飲食店のような店舗であっても同様の問題は生じます。労働基準監督署は、労働者の通報などを基に対象事業所を決定して調査に入ることになります。調査に入り、重大な法律違反が発見されると、是正勧告が行われ、そして、それを確認するために再監督が行われることになります。

■ 労働基準監督署への相談から是正勧告にいたるまでの流れ

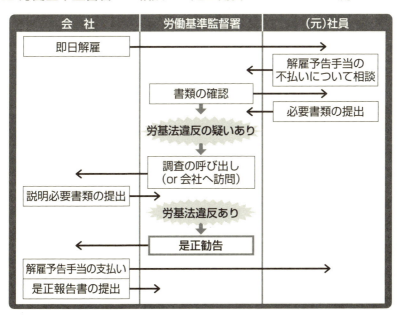

■ 残業代未払いについて申告された場合には

　飲食店で重大な問題になるのが残業代の未払いです。数年前に日本マクドナルドの直営店の店長という立場が、残業代が支払われない管理職にあたるのかどうか争われた訴訟が話題になりましたが、特に**「名ばかり管理職」**の問題が多くなっています。労働基準法では、管理監督者には残業代の規定を適用しないと定めていますが、これは一定の権限が付与されている管理監督者が対象です。しかし、実際には勤務時間について全く自己裁量の余地がない労働者にも管理職の地位を与えることで、残業代の支払を免れようとする事業所があります。このような場合は法律違反となってしまい、調査で明らかになると是正勧告の対象となります。

　残業代の未払いについて是正勧告がなされると、時効消滅する前の過去2年分に遡って残業代を支払うように命じられます。また悪質であると判断されると、6か月以下の懲役または30万円以下の罰金が科せられます。会社の存続に関わる大きなペナルティになることもありますので、残業代の未払いが発生しないような対策が必要です。

■ 是正勧告に応じないとどうなる

　労働者から相談を受けた労働基準監督署が、飲食店に労働基準法に違反している疑いがあると判断すると、監督署に出向くよう、あるいは監督官が会社を訪問する旨を連絡してきます。いずれの場合も、店側は、関連する書類を提出することになります。調査に応じないでいると、最悪の場合、事業所を強制捜査される場合がありますから、必ず調査には応じるようにしましょう。調査の際に提出する書類は、労働者名簿や賃金台帳、就業規則などの他に、その社員の出勤簿やタイムカード、雇用契約書などです。監督官は提出された書類を基に事実関係を調査します。事実関係について説明をする時には、事前に準備しておいた証拠書類を基に明確に冷静に説明するようにします。

31 労働組合との交渉について知っておこう

使用者側の利益代表者は組合員になれない

■ たとえばどんな場合に問題になるのか

　労働者が労働条件について使用者と交渉したり、団体行動を行うために自主的に組織する団体が**労働組合**です。

　飲食店経営者が頭を悩ませることのひとつに、労働組合からの要求にどう対応するかということがあります。経費の面や対応にかかる時間、労力などのことを考えると、頭の痛い問題であるといえるでしょう。

　労働者が労働組合を通じて**団体交渉**を申し入れてきた場合、「対応方法がよくわからないから」と団体交渉の申入れをその場で断ってはいけません。団体交渉の申入れを受けた段階で無視をしたり断った場合、会社側が負う誠実交渉義務に違反する可能性があるからです。対応に不安がある場合には、申入れのあった段階で、労働関係の専門家に相談するのもひとつの方法です。専門家に任せるにしても、自分で対応するにしても、団体交渉の申入れは必ず受け入れるようにします。対応する際にはあまりに人数が多いと収拾がつかなくなるため、多人数で交渉を行わないようにし、交渉の場所は他の社員の動揺を避けるため、通常の就業場所とは離れた場所で行うとよいでしょう。

■ 交渉するときの注意点

　労働者にとって一番困ること、怖いことは、突然解雇されたり、賃下げを告げられたりして、自分たちの身分や生活が脅かされることです。強硬な手段を防ぐためにまず必要なことは、「従業員に不要な不安感や恐怖感を抱かせない」ということです。したがって、経営者側は厳重に情報管理をして不用意に情報を漏えいしないように気をつけ

なければなりません。

ただし、労働組合側の言い分をすべて聞き入れる必要はありません。店舗側の誠実交渉義務とは、労働組合との団体交渉に臨む店側の態度が誠実であるかどうかを問うものであり、交渉結果が労働組合の満足がいくものでなくても誠実交渉義務違反にはなりません。店として、組合の要求に応じられない理由について誠意を尽くして説明できれば問題ないとされています。

■ユニオンとはどう交渉すればよいのか

一般的な飲食店のような小規模の組織では、そもそも組織内に労働組合がないということはあります。しかしだからといって労組との交渉の問題が一切生じないというわけではありません。

ユニオンとは、企業内組合とは異なり、それぞれが異なる企業に勤めている一個人から成る労働組合のことをいいます。労働組合のない会社の従業員であっても、こうしたユニオンに加入している場合には、労働組合の組合員として活動することができます。

もともと労働者には労働三権が認められています。労働三権とは、団結権・団体交渉権・団体行動権のことです。

労働者は、この規定を受けて定められた労働組合法によって保護されています。労働組合法は、会社が組合員に対して不当な扱いをすると**不当労働行為**（公正な労使関係の秩序に違反するような使用者の行為）に該当すると定めている他、解雇などをめぐって争いになった場合に、労働組合から労働委員会に労働争議の申立てを行うことも認めています。ユニオンが会社に対し団体交渉を申し入れてきた場合、会社は無視することはできません。たとえばユニオンに飲食店のスタッフが、1人だけ加入している場合であっても、使用者は団体交渉を正当な理由なしに拒むことは、不当労働行為として禁じられています。

32 従業員とのトラブルと解決手段について知っておこう

常に訴訟になるというわけではない

■ 個別的労使関係と集団的労使関係

雇用主と従業員との個人的な関係のことを個別的労使関係といい、労働契約や就業規則などにより規律される関係です。この関係で起こる賃金や労災などに関するトラブル解決に大きな役割を果たしているのが**労働基準法**です。労働者保護を目的として労働条件・待遇などの最低条件を設けた法律です。雇用主が、この労働基準法が定める基準を下回る条件で労働者を使用することは禁じられています。一方、集団的労使関係とは、使用者と労働組合などの団体との関係をいいます。この集団的労使関係において生じたトラブルは、労働組合法や労働関係調整法などにより規律されています。

■ 利用できる相談窓口

個別的労使関係においては、まずは事業主と労働者の話し合いが大切です。当事者同士の話し合いではなかなか解決がつかないような場合には、労政事務所への相談、都道府県労働局のあっせん、労働審判などが利用されることになります。また、労働者とのトラブルが企業の安全衛生や労災保険をめぐるもので違法行為と疑われる場合、労働基準監督署が解決にあたります。事業主としては労働基準監督署から指導や勧告などの処分を受けることがないように労働環境を整える必要があります。

集団的労使関係について起こった紛争を解決する機関としては、労働委員会があります。労働委員会は、賃金や労働時間など労働条件をめぐる労使間の紛争が自主的に解決困難な場合に、中立・公平な第三

者として仲介をし、紛争解決の援助をする機関です。労働争議の調整（あっせん、調停、仲裁）、実情調査、不当労働行為（162ページ）の審査を行っています。このうち、あっせんは、労使双方が理解し合い、公正で妥当な解決を図るために行うものです。あっせんの結果、当事者双方が提示されたあっせん案を受諾すれば、トラブルが解決されます。

■ 職場のトラブルを取り扱う窓口

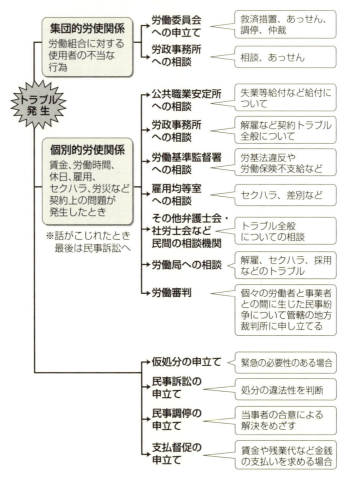

第5章
店舗契約や施設管理の法律問題

1 店舗をめぐる契約について知っておこう

賃貸借契約であれば借地借家法の適用を受ける

■■ 賃貸借契約とは

　飲食店を開業しようとする場合、まず店舗として使用する場所を確保しなければなりません。自分で所有している建物を使用するという場合であればよいのですが、そうでない場合は、条件のよい建物を探し、その建物を借りて開業することになります。この場合、店舗として使用することになる建物の家主との間で、**賃貸借契約**を結ぶ必要があります。

　賃貸借契約とは、「賃貸人が賃借人に物を使用・収益させ、賃借人が対価として賃料を支払う」という内容の契約のことをいいます。不動産である建物も、もちろん賃貸借契約の対象となります。この場合、家主が賃貸人、飲食店を開業しようとしている借家人が賃借人ということになります。

　建物の賃貸借契約については、借地借家法が中心的に適用されることになります。居住用の建物であるか、営業用の建物であるかは問われません。民法にも賃貸借に関する規定がありますが、建物賃貸借については、**借地借家法**が優先的に適用されます。賃貸借契約で借地借家法が適用されないのは、一時的に建物を使用する場合や建物を使用する目的のない土地賃貸借などに限られます。

　借地借家法は、賃借人（入居者）の保護を目的とする法律です。そのため民法と比べて賃借人に有利な規定が多くなっています。具体的には、賃貸人は「正当な理由」がないと契約更新を拒絶できないなどの規定があります。

■■ 店舗を借りる契約書に記載する事項について

　建物の賃貸借契約は、「ある建物を貸したい」という人と「賃料を払って借りたい」という人の意思が合致することによって成立します。当事者の合意があればそれで賃貸借契約は成立しますが、後々トラブルが生じることを避けるためにも、契約書を作ることが必要です。

　店舗を借りる際に交わされる契約書には、契約期間、使用目的、賃料・共益費などの金額及び支払方法、敷金、更新の有無及び更新料、保証人、契約解除の条件、などが記載されます。飲食店を開業するために店舗を借りるのですから、営業に支障があるような条項が含まれていないか、一つひとつの条項を入念にチェックするようにしましょう。また、不明点がある場合には、必ず家主に確認し、内容に納得してから契約書に署名押印するようにしましょう。また、店舗用の賃貸借契約の契約書は、居住用賃貸借契約書と比べて、詳細な規定を盛り込んでおかないと、後々トラブルに発展するおそれがあります。なぜなら、飲食店の店舗には、営む業種に応じて、居住住宅にはない、大型の設備等が必要になることが一般的であるためです。したがって、居室に特別な設備等を設置する必要がある場合には、できるだけ具体的に契約書に記載する必要があります。特に、内装に関する事項は注

■ 借家契約の法律規制

	民　法	借地借家法
契約の存続期間	最長20年 1年未満でも可能	20年を超える契約も有効 （民法604条は適用されない） 1年未満は期間の定めなしとみなす
契約満了と更新	契約期間満了で終了	更新拒絶の制限 （正当理由の検討）
第三者に主張する条件	借家権の登記	借家の引渡し （住んでいること）

意が必要で、退去時の原状回復など、後々の紛争の原因になることも少なくありません。内装などに関しても、可能な限り書面に残すことを心がけ、金銭面の条件を明確にしておくことが重要です。

■■ 借りる側は特にどんな条項に注意するのか

これから開業しようとしている営業内容が、契約条項に定められている使用目的の範囲内であるかどうかを確認しましょう。一口に飲食店といっても、その業種や業態には実にさまざまです。また、「当面はこの業種でいくが、ゆくゆくは他業種の範囲まで営業を拡大していきたい」というような将来の見通しを立てている場合もあるでしょう。思い描いているような営業を、果たして当該建物で実現させていくことが可能であるのか、将来的な展望もふまえて、家主に確認することが重要です。使用目的に違反する営業をしてしまうと、家主から契約を解除されてしまう場合がありますので、十分注意するようにしましょう。

次に、契約期間や更新の条項を確認しましょう。飲食店を開業するためには、器材を用意したり、内装を整えたりと、多額の費用がかかります。その一方で、安定した売上が上がるようになるまでには、一定の期間が必要になるでしょう。ようやく営業が軌道に乗ったところ

■ 借家契約の法定更新

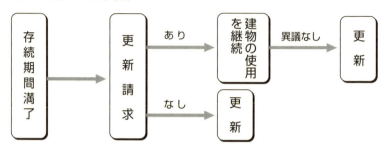

で契約期間が終了し、契約更新もなく、出ていかなければいけないということになってしまうと、せっかく苦労して開業した意味がありません。また、逆に、契約期間が長く設定されていればよいわけでもありません。契約で、途中解約をした場合には多額の違約金を支払うという旨の条項が定められている場合には、閉店したいのに閉店できないという事態に陥ることも想定されますので、注意して下さい。

■ 店舗を出店するときの契約締結・契約書作成の注意点

飲食店の中には、ショッピングセンターなどの大型商業施設内に店舗を構えて営業をしている店もあります。こうした飲食店は、その商業施設の開発事業者(デベロッパー)と、**運営委託契約**を締結していることが一般的です。

運営委託契約とは、開発事業者がテナントに対して、その売り場の運営を委託するという内容の契約のことをいいます。つまり、原則として開発事業者側に店舗を運営する権限があり、テナントは開発事業者の意向に合わせて営業を行っていくことになります。そのため、テナントは、売り場の位置、販売商品、販売方法など、運営に関することについて、開発事業者の指示に従うことが求められます。

また、テナントの売上の管理も開発事業者が行います。開発事業者は、一定期間の売上金額から、その期間の賃料等の経費を差し引いて、残りの金額を委託料としてテナントに支払うことになります。

運営委託契約を締結した場合、原則としては、賃貸借契約のように借地借家法の適用を受けることができません。そのため、借主としての手厚い保護を受けることが難しくなり、開発事業者側の都合で契約を解除されたり、期間の更新を拒絶されたりする可能性が高くなります。ただし、契約書の文言が「運営委託契約」と記載されていたとしても、契約内容が賃貸借契約に近いようであれば、テナントが借地借家法の適用を受けることができる場合もあります。

2 賃料をめぐる法律問題をおさえておこう

賃料を滞納した場合や、受領拒否された場合の対応方法を知っておく必要がある

■■ 賃料を支払わなければならない

　賃貸借契約を締結すると、賃借人（借主）から賃貸人（貸主）に対して、目的物の使用対価として支払われる金銭が**賃料**です。
　飲食店においても、店舗の賃貸借契約を結んで事業を運営する場合には、賃料の支払いが必要になります。また、店舗の場合には、家賃や地代だけでなく、賃主が所有している設備などを使用する場合には、それらの備品費用が賃料に含まれていることもあります。一般的に、飲食店の売上高に占める賃料の割合は、1割程度であるといわれています。

■■ 賃料を払えないときの対策

　賃貸借契約において、借主は賃料の支払義務を負います。したがって、飲食店の店舗を借りている場合にも、当然に賃料支払義務を怠ることは、借主としての義務を果たしていないと評価されます。
　しかし、飲食店の経営状況その他の事情により、賃料の支払いが困難になることもあり得ます。そこで、たとえば、貸主に対して、当月は賃料の支払いが困難であることを理由に、来月まで支払いを待ってもらうように交渉することは可能なのでしょうか。
　賃貸借契約は、あくまでも当事者間の契約ですので、交渉の結果、貸主が1か月分の賃料の支払いを待つことに同意した場合には、1か月の間、賃料の支払いを猶予してもらうことが可能でしょう。もっとも、貸主には、賃料支払いを猶予しなければならない法的な義務はありませんので、貸主が承諾しない場合には、賃料の支払いを待っても

らうことは困難です。もっとも、賃料の支払いが滞っているため、借主は契約上の義務違反を行っているわけですが、1か月程度の賃料の滞納で契約自体が解除されることは、一般的にはありません。

また、賃貸借契約を締結する場合、契約に関連する賃借人側の債務を担保する目的で、一定の金銭授受がなされることが多いようです。飲食店等の事業用の物件の場合には、**保証金**という名目が用いられる場合が一般的です。保証金は、原則として借りている物件の返還が完了するときまでの債務を担保する目的で授受されます。そのため、賃借人が賃料を滞納している場合であっても、当然に保証金が、賃料として充当されることはありません。ただし、支払いの猶予と同様に、任意に貸主が同意すれば、保証金から充当充当することも可能です。もっとも、借主側から、保証金から充当してほしい旨の請求を行うことはできません。

■ 賃料を払えないとどうなるのか

賃貸借契約は、貸主と借主との間に、信頼関係があることを前提として行われる契約です。そのため賃貸借契約の解除（契約を解消すること）は、貸主と借主との間で信頼関係が破られた場合に認められることになります。つまり、借主が、いったん契約上の義務に違反したとしても、貸主側としては、簡単に賃貸借契約の解除を請求することはできないということです。

確かに、借主が賃料を支払わないというのは、借主としての基本的な義務を怠っていると評価することができます。

仮に、賃料の滞納が数か月におよぶ場合には、賃貸借契約の解除が認められやすいといえます。賃料の支払は賃貸借契約を継続していく上での借主の根本的な義務であり、この義務の不履行の事実が重視されるからです。また、支払の滞納は、貸主にとって、大きな経済的負担を与えることになるため、早急に対処する必要があることも解除が

認められる理由のひとつです。

　一般的には、ある程度借主の賃料不払いが継続されている状態になって、はじめて賃料の滞納による賃貸借契約の解除が認められるとされています。ここでの「継続して不払いとなっている期間」とは、契約の種類にもよりますが、毎月賃料を支払う契約であれば、少なくとも2～3か月以上は必要です。ただし滞納が1か月分だけでもそれが繰り返されているときは、信頼関係破壊として契約解除が認められます。

■ 事情によっては賃料の減額請求が認められる

　たとえば、土地や建物に対する租税（固定資産税、都市計画税など）や管理費などが減額されたり、土地や建物の評価額が下がった場合、または、その他経済状況の変動、近隣の同程度の賃貸物件の賃料との比較などにより、現行の賃料が適正な額ではないため、借主側から貸主に対して、賃料の減額を請求する場合があります。

　賃貸借契約では、賃料の減額について（増額の場合も同様です）、当事者間での協議で整うことを認めていますので、基本的には協議により解決することがよいでしょう。

　協議が整わない間は、賃貸人は減額の裁判が確定するまでの間は、相当と認める賃料を請求することができます。

■ オーナーともめた場合、供託することもできる

　金銭や物品などを供託所に預けることを供託といいます。

　供託には①弁済のためにする供託（弁済供託）、②担保のためにする供託（保証供託）、③強制執行のためにする供託（執行供託）、④供託物の保全のためにする供託（保管供託）、⑤制度の濫用を防止するためにする供託（没取供託）の5種類があります。

　このうち、飲食店の店舗を借りている借主にとって、特に重要なの

は、弁済供託です。たとえば、貸主が賃料の受領を拒んでいる場合に、借主が賃料相当分を供託して、債務を免れることができます。賃料の受領を拒まれたからといって、借主が賃料を支払わずに放っておくと、債務の不履行となって賃貸借契約を解除されたり、損害賠償を請求されたりしますが、供託をすればこのような事態を回避することができます。

　その他にも、貸主より賃料の値上げの申入れがあり、もし借主がこの金額に納得できないという場合に、借主が供託手続きをとる可能性があります。貸主は、自分が提示した金額に満たない賃料の支払いについて、受け取りを拒否することが考えられます。そこで、借主としては、借主が相当と認める額の賃料相当額を、貸主の「受領拒否」を供託原因として、弁済供託をすることによって、借主の賃料債務を消滅させることが可能になります。

　弁済供託は、債務の履行地（特約がなければ債権者である飲食店の所在地）の法務局（供託所）で行います。債務履行地に供託所がないときは、同じ都道府県内の最寄りの供託所に供託します。

■ **供託の手続きの流れ**

債務者 → ①弁済 → 債権者
債権者 → ②受領拒否 → 債務者
債務者 → ③供託 → 供託所
債権者 → ④通知 → （債務者から債権者へ）
⑤供託物の交付請求（債権者→供託所）

3 賃料の他にどんな金銭を支払うのか知っておこう

賃料の他にもさまざまな名目の金銭が支払われることが多い

■■ 敷金は貸主に預ける保険のようなもの

　敷金は、借主が店舗として実際に使用する際に、先払いで貸主に預けておく金銭です。敷金を貸主に預けるのは、支払いの滞っている賃料や建物に関する損害賠償債務の担保が必要だからです。担保されるのは、賃貸借契約終了時点までの債務に限らず、明渡完了までの債務も含まれます。たとえば、滞納や汚損等がない場合、原則として敷金は契約が終了したときに全額を返還する必要がありますが、滞納などがあればそれを控除した残金を返還すればよいということになります。また、店舗として用いられている部屋の傷や汚れを修理するための費用として利用されることもあります。つまり、敷金は貸主の立場からすると、一種の保険のようなものとして捉えることができます。

　敷金は滞納した賃料、その他、あらゆる借主の債務の補てんに利用されますが、敷金を賃料の補てんとするかどうかは貸主が決めることであり、借主が決められることではありません。

　そのため借主は、経済状況が苦しい場合でも、一方的に敷金を賃料に充ててもらうように要求することはできません。

■■ さまざまな種類がある

　店舗を対象とした賃貸借契約を交わす際によく聞かれるのが権利金という言葉です。主に営業目的の賃貸借、あるいは土地の賃貸する場合に権利金が授受されることが多いようです。また農村部ではほとんど見られず、主に都市部で広く見られる社会的慣行です。

　差し入れた権利金については、返還される場合とされない場合とが

あるため、契約を行う際には注意が必要です。権利金の額を算出する基準はあまり明確ではなく、貸主と借主の話し合いで決定されることが多いようです。

権利金については、金額もかなり大きい場合や賃貸期間に応じて返還される場合もあるので、全く返還されない礼金のような金銭とは性質が基本的に異なっています。権利金はその定義が今ひとつあいまいなため、時には返還するかしないかで訴訟に発展することもあります。特に「契約金」などと銘打って大金を貸主に支払った場合、これを権利金とみなすか否かが返還の有無に大きく左右してきます。

もともと権利金には営業権の価値の見返りといった性格があります。つまり、賃貸される物件で高収入を得る可能性が大きければ大きいほど権利金の割合も上がってきます。権利金は賃料の前払いとして納められる場合もあれば、「場所的な利益の対価」として支払われることもあります。このように、権利金と一口に言ってもさまざまな種類があるので、賃貸借の契約を行うときには、権利金といってもどのような種類のものであるのか、返還するのかしないのか、返還する場合に

■ 契約の際に提供されるさまざまな名目の金銭

名目	内容
敷金	通常、借家契約の際に借主が、家主に対して預けるお金のこと。家賃の滞納や故意による損壊があると、差し引かれる。
権利金	借地権を設定するための対価または借家契約の対価として支払われる金銭。
保証金	契約を守ることを担保するために支払うお金。敷金とほぼ同じ意味で使われることもあるが、貸付金として後で返還されるものもある。
礼金	借家契約の際に家主に支払う金銭の一種。敷金や保証金と異なり、契約期間が終了しても返還されない。

は、具体的にはどの程度の金額をいつ返済するのかといった事項を明確に書面にしておくことが大切です。

■ 預り金の性格をもつ保証金

店舗の賃貸借契約をする際に保証金の支払を求められることもあります。保証金も権利金と同様にさまざまな性質があり、契約の前にどのような目的で納める金銭なのかを把握しておく必要があるでしょう。

貸主が借主から受け取った金銭の性格は、契約の当事者がどのような意思を持っていたかによって決まります。通常、「保証金」と呼ばれるものは、敷金としての性質を有し、「権利金」と呼ばれるものは礼金としての性質を有します。敷金としての性質をもつのであれば、建物の明渡し時に貸主の損失を差し引いて借主に返す必要がありますし、礼金としての性質をもつのであれば、借主に返す必要はありません。

保証金一般に共通していえることは「借主が貸主に迷惑をかけないことを保証するためのお金」が保証金だということです。この場合、保証金は「預かり金」としての性格を強く持っています。預かり金としての保証金の場合には、万が一借主が賃料を支払わなかったり賃貸物件を破損した際には保証金から損害分を差し引くことができます。

保証金の性質、返還の必要性、返還金額と返還期間、無利息か否かは、すべて契約内容によって決まりますので、契約書には、どんな保証金なのか、保証金差入れの趣旨、保証金を全額償却してよいのか、全部あるいは一部を返還するのか、返還するとすれば長期の分割か一括か、金利の有無などを具体的にかつ明確に記載します。「本賃貸借終了後、賃借人が賃借物の明渡しをしない場合には、貸主は、保証金から賃料の倍額相当額を差し引くことができる」といった条項が置かれていることもありますから、契約時に保証金に関する条項を確認するようにしましょう。

保証金にはまた、一定期間ごとに償却（時の経過によって減少する

価値を差し引く手続きのこと）されていく性質のものも存在します。最初に賃貸借の契約を交わす際に何年ごとに保証金の何％を償却していくかを定めておきます。年月によって償却された保証金を借主に補充してもらうのがこの保証金の特徴です。

■■ 退去時に返還されない礼金

賃貸借契約を行う際に、さまざまな名目で金銭が支払われるケースが多く見られることは前述の通りですが、このうち契約が終わった時点で、返還されないものの典型例として、礼金が挙げられます。礼金の内容については、賃貸借契約を締結する当事者間の協議などにより決定されることになりますが、一般に、前述の権利金を、礼金と同一の意味で用いる場合があります。礼金の大きな特徴は、借主の退去時に返還しないことにあり、礼金という名称が示す通り、賃貸したことのお礼として借主が貸主に払うものです。

■ 保証金の償却などについての規定例

> **（規定例その１）**
> 　第○条（保証金の償却）
> 　　保証金については、年に５分の割合で償却する。契約更新時には、借主は償却された保証金に相当する金額を、新たに保証金として貸主に支払う。
>
> **（規定例その２）**
> 　第○条（保証金の償却）
> 　　保証金については、解約時に１か月分の賃料に相当する金額を償却する。

※規定例その１では、契約更新の際に借主は新たに保証金を支払う必要がある。規定例その２では契約更新時に新たに保証金を提供する必要はなく、賃貸借契約の解約時にのみ保証金が償却される。

■■ 借家権の譲渡などで必要になる承諾料

承諾料とは、ある条件を飲んでもらう代わりに支払うお金です。たとえば、飲食店などでは、事業の運営にあたり、店舗の内装について、借主が多額の費用をかけて工事等を行っている場合があります。そして、仮店舗から退去する際に、自分が負担した工事費用等を回収するために、借主が持っている借家権を、第三者に居抜きで売渡したいと考えることがあります。これは、借家権の譲渡にあたるため、原則として、賃貸人の承諾を受けなければなりません。その際に、賃貸人が承諾を与える対価として要求する金銭が、承諾料にあたります。

承諾料は、契約において貸主が禁止していたことを、金銭の支払いを条件として、認めてもらおうという広い概念のものですが、どのような場面で発生するかによって、ある程度、種類を分けて考えることができます。承諾を要する場面としては、前述の借家権の譲渡の他、店舗の使用方法の変更などがあります。

■■ 契約更新の際に必要になる更新料

建物の賃貸借契約書をよく見てみると、多くの場合「契約期間は2年間とする」などの条項が記載されています。このような契約条項のある賃貸物件において、長期間飲食店の経営をしようと思うと、2年ごとに契約更新をする必要があるわけですが、その手続をする際に**更新料**という名目の費用を請求されることがあります。

更新料に関することを規定した法律は特になく、どのような目的で支払われるかということは明確になっていませんが、地方によっては慣習化されているものです。

なお、多くの借主は貸主から更新料を請求されると、あまり疑問を持つこともなく「契約更新をするために必要な費用」として支払っているかもしれませんが、極端に高額な更新料が設定されている場合は、無効の主張や減額の交渉はあり得ることでしょう。

4 立退料について知っておこう

立退料は正当事由の一要素として考慮される

■■ 貸主からの更新拒絶には正当事由が必要とされている

　建物を借りて飲食店を営んでいる事業者の下に、当該建物の貸主から「次回の契約更新はできない。現在の契約期間の満了をもって契約を終了したい。速やかに退去してもらいたい」という申入れがあった場合について考えてみましょう。

　賃貸借契約の期間が終了すると、借主は店舗を立ち退くか、貸主と協議して契約の更新を行うことになります。ただ、貸主は自由に更新を拒絶することはできません。更新を拒絶しても妥当といえるほどの**正当な事由**（正当事由）がない限りは、更新を拒絶することができないのです。

　正当事由は、①貸主にとって建物が必要な理由や程度、②賃貸借契約までの経緯と条件、義務の履行状況、③借主の建物利用状況、④建物自体の現況、⑤立退料の有無など、これらの事情を総合的に考慮して、貸主が借主に立退きを求めることもやむを得ないという場合に認められます。

　どんな場合でも常に立退料が支払われるというわけではありませんが、立退料の支払いの有無や立退料の額は、正当事由を考慮する際の一つの事情となります。貸主が高額の立退料を借主に提供すれば、「正当事由がある」と認められる可能性が高くなり、立退料を提供しなければ「正当事由はない」と認められる可能性が高くなります。

　つまり、貸主から更新拒絶を受けた事業者は、その更新拒絶に正当事由があると認められる場合に限り、立退きをしなければならないことになります。

■■ 問題解決のため貸主から支払われる立退料

　立退料とは、貸主の都合で借主に立退きを請求しなければならない場合に、貸主から借主に支払われる金銭のことをいいます。立退料については借地借家法に規定があり、貸主が更新を拒否する際の正当事由の一要素として考慮されることになっています。

　貸主が借主に立退きを要求する理由としては、①貸主が建物を使用する必要がある場合、②借主が家賃を納めないなど、賃貸借契約に明記されている義務を遂行しない場合、の2つのケースが考えられます。②のケースの場合、厳密に言えば、貸主が立退料を支払う必要はありません。ただ、立退きを速やかに行いたい場合や、借主とのトラブルを避けたい場合には、一定額の立退料を支払うことによって問題をスムーズに解決することが可能であり、こうした方法が一般的に広く行われています。

■■ 店舗の場合の立退料の金額はどのように決まるのか

　飲食業を営んでいる事業者が、現在使用している物件から退去することになると、多くの損失が生じ、また、さまざまな費用もかかります。しかし、立退料を受け取ることができれば、退去に伴う損失を立退料により補填することができます。

　立退料には、具体的には、移転費用の補償、営業権の補償、借家権価格の補償、といった意味合いがあります。移転費用の補償には、引っ越しにかかる費用や、移転したことを通知するための費用が含まれます。また、営業権の補償には、他の店舗を借り直して営業を再開するための費用や、営業を再開するまでの営業利益の損失分などが含まれます。借家権価格の補償とは、借主が建物の資産価値を増加させた場合に、その寄与分を分配することをいいます。ただし、立退料の金額を算定するための明確な方法は特に定められていないため、具体的な事案ごとに、各種事情を考慮して決定することになります。

5 賃貸人をめぐる法律問題をおさえておこう

賃料の支払先が変わったり、退去しなければならないこともある

■ 貸主が交代した場合、賃料の支払いはどうするのか

　建物の賃貸借契約が締結された後に、さまざまな理由によって建物の貸主が交代する場合があります。たとえば、貸主が亡くなったときには、相続人が新しい貸主になります。また、貸主が建物を第三者に売却した場合には、建物の所有権が第三者に譲渡されることになりますので、買主が新しい貸主になります。貸主が建物に抵当権を設定していて、競売が行われた場合にも、貸主が交代することになります。

　このように、貸主が交代した場合、借主である事業者は、賃料の支払いを誰に行えばよいのでしょうか。

　建物の賃貸借契約が結ばれているときに、何らかの理由で建物の所有権者が変わった場合、これに伴って建物の貸主も変わります。そのため、建物の借主は、賃料を支払う相手を新しい貸主に変更する必要があります。

　建物の新所有者は、建物の所有権登記を備えることで建物の借主に対して賃料を請求できるようになります。逆に、建物の所有権登記を備えなければ、自分が貸主になったことを借主に対抗することができず、建物の借主は賃料の支払いを拒否できます。

　建物の譲渡は、建物の借主の預かり知らぬところで起こりますので、賃料の支払先は、借主がはっきりと確認できる基準によって確定している必要があります。そのため、誰でも閲覧できる登記を基準として、建物の借主が賃料を支払う相手が決められているのです。

　したがって、建物の借主としては、建物の所有権登記がそのままであれば従来通りの貸主に対して賃料を支払えばよく、建物の所有権登

記が移転した後には新しい建物所有者に賃料を支払うことになります。

なお、貸主が死亡したが、新所有者となる相続人がわからないという場合には、供託（172ページ）を活用するという方法もあります。

■■ 債権者が貸主の借主に対する賃料請求権を差し押さえることがある

不動産賃貸借の貸主が金融機関等から金銭を借りていたものの、期限までに金融機関に返済ができなければ、金融機関は貸主が有している借主に対する賃料債権の差押えを行います。差押えを行うことで、金融機関は賃料債権から自らの債権を回収することができます。

差押えが行われた場合、借主には裁判所から賃料債権が差押えられた旨が通知されます。この裁判所からの通知が来た場合、借主は貸主に対して家賃を支払ってはいけません。もし、借主が貸主に対して家賃を支払い、その後に貸主が行方不明となって金融機関が債権を回収できなくなってしまった場合には、借主は家賃分の金銭を金融機関に支払う必要があります。たとえば、借主に差押えの通知が来た後に月5万円の家賃を貸主に支払ってしまった場合には、もう一度金融機関に5万円を支払う必要があります。つまり、家賃を差し押さえる旨の通知が来た後に家賃を貸主に支払ってしまうと、借主は家賃を二重に

■ 貸主の交代と賃料の請求

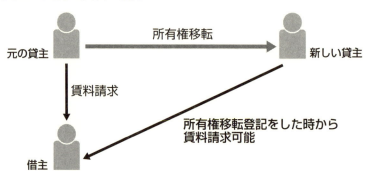

支払う必要がでてきます。

　裁判所から差押通知を受け取った場合、借主は、差押債権者に賃料を支払わなければなりませんので、債権者からの指示に従って支払いをするようにしましょう。なお、差押が競合した場合には、法務局に供託しなければなりませんので、注意して下さい。

■ 賃貸人が倒産すると店舗や差し入れた金銭はどうなるのか

　貸主である賃貸人側が破産することもあります。破産とは、債務者が債務を支払えなくなったときに、債務者の財産を清算し、債権者に公平に分配する一連の手続きのことをいいます。

　貸主が破産すると、貸主は財産の処分権限を失います。その代わりに、選任された破産管財人が財産を管理し、債権者へ財産を分配する手続きを行うことになります。

　借主としては、貸主が破産した後も、借りている建物を使用し続けることができるのかが気がかりでしょう。破産法によると、破産管財人は、家主が破産したことを理由として、賃貸借契約を解除することはできないことになっています。したがって、借主は、貸主が破産した後も店舗で営業し続けることができることになります。

　また、借主としては、貸主に差し入れている敷金等の保証金の返還を受けられるのかどうかも気になるところです。賃貸借契約が終了する前であれば、敷金返還請求権は発生していませんので、借主が貸主に対して敷金返還請求をすることはできません。ただし、借主は、破産管財人に対し、借主が支払った賃料を、敷金額の限度まで寄託する（確保してもらう）ことを請求することができます。こうした請求をしておけば、退去時の敷金を確保しておくことが可能です。

　なお、破産と似た手続きとして、民事再生があります。これは、経営破たんのおそれがある事業者が、裁判所などの監督を受けながら、事業の再建をめざす手続きのことです。債権者が財産の管理権を維持

できる点が破産とは異なります。民事再生の場合も、民事再生をしたことを理由として、賃貸人が賃貸借契約を解除することはできません。したがって、借主は当該建物で営業を続けることが可能です。

■ 競売で建物所有者が代わった場合、退去することになるのか

競売とは、裁判所の手続きを通じて強制的に物を売り、その売却代金から債権を回収することをいいます。建物の貸主が金融機関に借りたお金を返済することができなくなった場合には、建物に設定していた抵当権が実行され、当該建物が競売にかけられてしまうこともあります。

建物を借りて飲食店を営業している場合に、店舗のある建物が競売にかけられて落札されると、その建物の所有者が代わることになります。競売手続きの開始により直ちに退去しなければならないわけではありませんが、買受人に落札された後、新しい所有者から退去を求められた場合、借主である飲食店はその要求に従わなければならないのでしょうか。

新所有者が借主に対して退去を求めることができるかどうかは、実行された抵当権が登記された時期と、借主が建物の引渡しを受けた時

■ 家賃の滞納による差押え

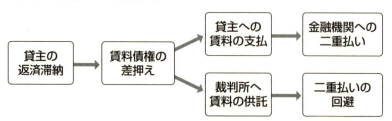

※貸主の債権者が、貸主の借主に対する賃料債権を差し押さえると、賃借人は賃貸人に賃料を支払うことが禁止される。それを無視して賃貸人に賃料を支払うと、他の債権者に対して二重払いしなければならなくなる。

期の、どちらが先だったかによって決まります。

　まず、抵当権の登記が先の場合には、新所有者は借主に対して退去を求めることができます。ただし、退去を求められたとしても入居者がすぐに出ていくことは難しいので、6か月間の猶予期間を与える必要があります。また、この場合、新所有者は、元の貸主と借主との間の賃貸借契約を引き継ぐことはありませんので、敷金の返還義務も負いません。

　ただし、新所有者は、借主がそのまま建物を使用し続けることを認めることもできます。この場合、新所有者と借主との間で、新たに賃貸借契約を結び直すことになります。元の貸主との賃貸借契約とは全く関係なく新たに賃貸借契約を結ぶことになりますので、賃料を値上げすることも可能です。借主が賃料の値上げに反対して賃貸借契約が成立しなければ、借主は建物から退去することになります。

　一方、抵当権の登記をした日より前に借主が建物の引渡しを受けていた場合には、新所有者が借主を追い出すことはできません。新所有者は、従前の貸主と借主との間の賃貸借契約を引き継ぐことになりますので、敷金の返還義務なども新所有者に引き継がれます。借主は、今まで通り、建物を使用して営業を続けることが可能です。

■ 貸主の破産による問題点

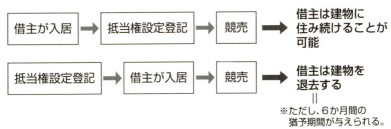

6 駐車場をめぐる法律問題をおさえておこう

明らかな過失がない限りは店舗側の責任は問われない

■■ どんなケースがあるのか

　飲食店の店舗には、終始さまざまな人間が出入りをします。特に店舗を訪れる顧客には、車を利用するケースがよくあります。

　そのため、駐車場スペースを設けている店舗は少なくありませんが、さまざまな人が出入りをする以上、トラブル発生のもとになる場合があります。

　では、どのようなケースが想定されるのでしょうか。たとえば、駐車場の利用客同士が車を接触させる事故や、停めた車の盗難や車内荒らしなど、車の駐車時に想定されるトラブルが挙げられます。また、駐車場の使用によるケースとして、車止めの設置に関するトラブルなども考えられます。また、放置自動車の問題も深刻です。

■■ 過失がない限り事故についての責任は負わないのが原則

　駐車場内で発生した事故やトラブルについては、明らかな過失が認められない限りは、店舗側の責任は問われません。店舗の駐車場は、利用客がその店舗を快適に利用することができるように設けているものです。したがって、利用客が店舗の駐車場に車を停めたとしても、その車に対する権利は店舗側には全くないことから、店舗は場内での事故やトラブルについての責任は負わないのが原則とされています。

　ただし、店舗側に明らかな過失が見受けられた場合は、たとえ「駐車場内での事故には当店では責任を負いません」などの貼紙があったとしても、責任を負うことになります。

■ お客様同士の事故

利用客同士が車の接触を起こすことは、駐車場内でのトラブルにおいて発生が予測できるケースのひとつです。特に都心や住宅街の店舗には、車を停めるスペースや場内の通路が十分にとれていない駐車場があります。そのため、駐車に自信のないドライバーが切り返しを誤る場合や、わき見運転をする場合などが考えられます。

このような場合に起こる事故に対して、原則、店舗側に責任はありません。事故を起こした原因は利用客にあるため、利用客同士で話し合いを進めることになります。ただし、駐車場の構造や車の誘導係の誤った指示など、明らかに店舗側に責任がある場合は、事故を起こした利用客に対して損害賠償責任が問われることがあります。

■ 盗難について

駐車場内に停めた車が盗難にあった場合においては、責任は利用客にあるため、店舗側は責任を免れることになります。

ただし、店舗が駐車した利用客の車のキーを一時的に預かるなどの方法をとっていた場合は、店舗は利用客の車を保管していたこととされ、損害賠償の責任が問われる可能性があります。この場合は、よほどの経緯がない限り、店舗側は責任を免れることができません。

■ 車止めの設置の有無をめぐるトラブル

車止めの有無に関しても、さまざまなトラブルが想定されます。たとえば、車止めがない駐車場内で利用客が駐車時に壁に激突するケースが考えられます。利用客が、車止めがないことを理由とした事故だと主張した場合でも、そもそも店舗側には車止めの設置義務がないため、店舗が損害賠償責任を負う必要はありません。

また、車止めが設置されている場合にも、考えられるトラブルがあります。店舗が駐車場内に設置した車止めは、民法では「土地の工作

物」に該当します。そのため、車止めの設置方法が適切ではなかったことを理由に利用客が事故を起こした場合は、店舗側は利用客に対する損害賠償責任を負うことになります。逆に、適切に設置された車止めの上を利用客が乗り越えたことで事故が発生した場合は、責任は利用客にあり、店舗側は責任を免れます。

■■ 放置自動車について

　店舗の駐車場は、基本的に開放されているものです。そのため、時には持ち主不明の車が長期にわたり停められている「放置自動車」の問題があります。

　このような放置自動車は、どれだけの期間放置されていたとしても、店舗の独断で撤去することはできません。勝手に処理を済ませた場合、後に自動車の持ち主から訴えられる可能性があるため注意が必要です。

　放置自動車に対する対応法としては、まずは警察に通報し、対応を依頼します。放置された車が犯罪に使用されたものだと判明した場合は、以降の処理は警察が行うため任せることになります。

　一方、犯罪とは特別な関係がない車であった場合は、店舗側が対応を進めていきます。具体的には、ナンバープレートや車の番号を用いて、運輸支局などに問い合わせ、車の所有者を突き止めます。手続き方法は、自動車の種類によって異なるため、事前に方法を確認することも重要になります。所有者が判明したところで、次はその所有者に対して車の撤去依頼と損害賠償請求を行います。この行為は後に訴訟となった場合に有効な証拠となるため、内容証明郵便などの書面によって行います。

　内容証明郵便を使ってもなお車が撤去されない場合は、実際に裁判所で訴訟を起こします。訴訟時に車の所有者が現れた場合は、話し合いで和解ができる可能性がありますが、そうではない場合は裁判所の判決に委ねることになります。

7 騒音や悪臭についての苦情と対処法について知っておこう

法律や店舗が所在する地域の条例で規制されている

■ どんな問題が考えられるのか

　店舗を経営する以上、ある程度の騒音は避けられないものです。騒音の発生源としては、たとえば、駐車場内における車のエンジン音やドアの開閉音、利用者同士の話し声など、さまざまなものが考えられます。これらの音は、店舗の経営者や従業員は気にならないものだとしても、近隣の住民にとっては迷惑な存在となる場合があり、中には損害賠償の請求がなされる可能性もあるため注意が必要です。

　また、飲食ならではの問題として、悪臭に関するトラブルがあります。調理時に出る臭いや煙、または生ゴミから漂う臭気は、時には耐えがたいものがあり、店舗の営業の差止めや損害賠償請求のもとになる場合があります。

■ 騒音による損害賠償請求

　騒音とは、一般的には「聞いていて不快感をおぼえる音」のことをいい、環境基本法における公害のひとつとされています。騒音から住民を守るため、我が国では騒音規制法という法律による規制がなされています。騒音規制法では、騒音に対する規制基準の他、各地域に沿った内容で騒音を規制することができるよう、市町村単位で条例を定めることが許されるとしています。したがって、店舗側が騒音に関する規制を調査する場合は、騒音規制法に加えて、店舗の所在地を管轄する地域の条例を確認する必要があります。

　店舗とその近隣住民との間で騒音に関するトラブルが発生した場合、重要となるのが**受忍限度**です。判例や学説は、日常生活上必ず発生す

る騒音などであっても、その騒音などが、一般的に耐えることができるお互いに我慢するべき範囲（受忍限度）を超えている場合には、不法行為（故意または過失によって他人に損害を与えた場合に、その損害を賠償させる制度）となり損害の賠償を求めることができると考えています。受忍限度は騒音の大きさや周辺状況、近隣住民の被害内容などから判断されます。ここでは前述した騒音規制法や店舗所在地を管轄する地域の条例内容を考慮した上で検討されます。

■■悪臭の確認方法・対処方法とは

悪臭とは、一般的には「不快を感じるにおい」のことをいい、騒音と同じく環境基本法における公害のひとつとされています。悪臭から住民を守るため、我が国では悪臭防止法という法律による規制がなされています。悪臭防止法では、悪臭に対する規制基準の他、各地域に沿った内容で悪臭を規制することができるよう、市町村単位で条例を定めることが許されるとしています。したがって、悪臭に関する規制を調査する場合も騒音の場合と同じで、悪臭防止法に加え、店舗の所在地を管轄する地域の条例を確認する必要があります。

実際に悪臭を原因として近隣住民から訴えられた場合、対処法としては、まず専門家へ悪臭の測定を依頼します。その上で、前述の悪臭防止法や地域の条例における基準を確認し、規制を超えていればダクトの変更や脱臭装置などで脱臭対策をとります。

一方、規制限度内であった場合でも、店舗の立地などが理由で近隣住民の受忍限度を超えてしまうケースがあります。また、店舗存続のためにも近隣住民との関係を保っておくことは重要です。したがって、近隣住民と話し合いの機会を作り、事情を伝えた上で妥協策をとることや、悪臭を取り除く装置などで対策をとることは、規制超過時と同様に必要です。

第6章

表示・広告・クレーム
その他の問題

1 景品や表示の規制について知っておこう

消費者にわかりやすい表示を心がける

■ どんな法律なのか

　景品表示法（不当景品類及び不当表示防止法）は、一般消費者の自主的・合理的な商品・サービスの選択を邪魔するような、①「過大な景品類の提供」と②「不当な表示」を行う企業活動を制限・禁止する法律です。

　過大な景品類の提供については、必要があれば、景品類の価額の最高額・総額、種類・提供の方法など景品類の提供に関する事項を制限し、景品類の提供を禁止することができる、としています。

　一方、**不当な表示**については、商品・サービスの品質などの内容について、一般消費者に対し、実際のものよりも著しく優良であると表示すること、又は事実に反して競争事業者のものより著しく優良であると表示することを「優良誤認表示」として禁止しています。

　また、価格などの取引条件に関して、実際のものよりも著しく有利であると誤認される表示についても、又は競争事業者のものよりも著しく有利であると一般消費者に誤認される表示を「有利誤認表示」として禁止しています。

　近年は、景品表示法の運用の重点が、不当表示に置かれるようになっています。この大きな要因として、近年次々と明るみに出た有名企業による牛肉偽装、賞味期限偽装、消費期限偽装、メニュー表示偽装などによって、消費者の企業に寄せる信頼が大きく裏切られることになり、消費者の商品・サービスの表示への関心がこれまでになく高まっていることを挙げることができます。

■ 景品表示法に違反するとどうなるのか

　消費者の立場に立った商品開発、商品販売そして広告を念頭において企業活動を続けている場合でも、時に景品表示法に違反してしまうこともあり得ます。

　消費者庁は、景品表示法違反の疑いのある事件について、調査を行い、違反する事実があれば、「措置命令」を行います。措置命令は、過大な景品類の提供や不当表示を行った事業者に対して、その行為を差し止めるなど必要な措置を命ずることができるというもので、消費者庁のホームページなどで事業者の名前、違反の内容などが公表されることになります。なお、平成28年4月の改正により、優良誤認表示や有利誤認表示をした場合等に違反者に対して措置命令の後、売上額の3％の課徴金が課せられることになりました。

　このような事態になると、企業は消費者の信用を失うことになりかねません。特に、企業が行った不当表示事件に対しては、マスメディアもきわめて強い関心を示します。いったん事件が発覚すると、その追及は厳しく、企業が対応を誤れば、企業自身の存続が危ぶまれる事態も起こり得るといっても過言ではないでしょう。

■ 景品表示法で規制される不当な表示

●商品・サービスを購入してもらうために行われる不当表示を規制●

① 優良誤認
　品質・規格・その他の内容に関して不当な表示をした場合
② 有利誤認
　価格・その他の取引条件に関して不当な表示をした場合
③ その他誤認されるおそれのある表示
　内閣総理大臣が消費者に誤認されるおそれがあるものとして指定した場合

---

2 クーポンについて知っておこう

景品表示法の規制を受ける場合がある

■ クーポンとはどんな性質をもつのか

　飲食店が集客するために行う宣伝・広告の方法として、**クーポン**を配布するという手段がよく使われています。たとえば、「ドリンク1杯無料券」や「3000円以上のお会計で500円引き」など、お得な条件を表示した券を配布することで、飲食店は来店客数の増加を期待することができます。ただし、クーポンは、注意して作成しないと、消費者との間にトラブルを引き起こす原因になってしまう場合があります。たとえば、飲食店としては、ディナータイムに利用してもらうつもりで「会計金額から10％引き」というクーポンを作成したが、消費者はランチタイムでも利用できると誤認して来店・食事をし、会計時になってクーポンが利用できないことが判明して、争いが起こるということも予想されます。

　このように、クーポンを作成する際には、使用期間、使用時間帯、その他クーポンが使用できる条件をできるだけ明確に表示して、消費者を誤認させることがないように配慮しなければなりません。また、クーポンは、不当景品類及び不当表示法（景品表示法）の規制の対象にもなりますので、一定のルールに従って作成・配布する必要があります。

■ 景品表示法上の規制がある

　クーポンが不当景品類及び不当表示法（景品表示法）の規制の対象となる場合とは、その内容が、**総付け景品の提供**（懸賞によらないで景品類を提供すること）に該当する場合です。たとえば「来店者全員

にコーヒー1杯無料」などという内容のクーポンの場合は、これに該当します。また、「○日に来店した先着30名様」というように、提供を受けられる人数を限定している場合であっても、総付け景品の提供に該当します。

　総付け景品の提供については、公正取引委員会の制限告示によって、提供できる景品類の最高額が定められています。具体的には、取引の価額が1,000円未満の場合は200円まで、1,000円以上の場合は取引の価額の10分の2の金額まで、のものでなければ、総付け景品とすることができません。

　ただし、①商品の販売もしくは使用のため又は役務の提供のため必要な物品又はサービス、②見本その他宣伝用の物品又はサービス（試食など）、③自己の供給する商品又は役務の取引において用いられる割引券その他割引を約する証票（○％引きなど）、④開店披露、創業記念等の行事に際して提供する物品又はサービスについては、正常な商慣習に照らして適当と認められるものであれば、前述の制限の対象にはなりません。

■規制されるケースと規制されないケース

　具体的にはどのような条件のクーポン券が景品表示法上の規制を受け、どのような条件であれば規制を受けないのでしょうか。

　たとえば、来店客に「次回来店時にビール1杯無料」というクーポンを配布する場合は、規制の対象になります。そのため、ビール1杯が400円である場合は、2,000円以上の支払いをした人に配布することは可能ですが、支払額が2,000円未満の人に配布することはできません。

　一方、「ビールを3回注文すると、ビール1杯無料」というクーポンの場合は、同一の商品を付加して提供することになりますので、割引をしていると捉えられることになります。そこで、前述の③に該当することになり、景品表示法の規制の対象にはなりません。

3 メニュー・料理の表示ではどんなことに注意すればよいのか

優良誤認表示とならないように配慮が必要である

■ 景品表示法に基づくルールがある

　飲食店のメニューや料理の表示も、景品表示法の規制を受けます。ただし、具体的にどういった表示をしなければならないのか（してはならないのか）ということを、法律が具体的に定めているわけではありません。そのため、飲食店を営む事業者は、自主的な取り組みとして、表示の適正化を図ることになります。

　メニューや料理の表示が景品表示法に違反しているかどうかという判断は、表示された文言のみからされるのではありません。表示全体から消費者が受ける印象と、実際の商品・サービスとの差を、個別に検討することによって判断されます。なお、消費者庁は「**メニュー・料理等の食品表示に係る景品表示法上の考え方について**」というガイドラインを公開しています。したがって、飲食店を経営する事業者は、このガイドラインの内容を参考にして、メニューや料理の表示を行うことが望ましいといえます。

■ メニューや料理に関するどんな表示が問題になるのか

　飲食店がメニューや料理を表示する際には、その表示が不当表示にあたらないか十分に注意しなければなりません。不当表示には、①優良誤認表示、②有利誤認表示、③その他誤認されるおそれのある表示、の3種類がありますが、メニューや料理を表示する際に特に問題となるのは**優良誤認表示**です。優良誤認表示とは、商品・サービスの品質や規格などについて、実際のものよりも著しく優良であると一般の消費者に誤認される表示のことをいいます。たとえば、実際にはバナメ

イエビを使用しているのにもかかわらず、メニューには「芝エビの○○」というように料理名を表示している場合は、優良誤認表示として景品表示法上の問題となります。バナメイエビは芝エビと比べて安い価格で取引されている食材であり、また、一般の消費者にとってもバナメイエビと芝エビは異なるものと認識されているからです。

また、実際には形成肉（生肉、脂身、内臓などに酵素添加物や植物たん白などを加えるなどして、人工的に形状を整えた肉）を焼いたものであるにもかかわらず、メニューに「ステーキ」と料理名を表示することも優良誤認表示となります。料理名として「ステーキ」と表示した場合、一般の消費者は、牛の生肉の切り身を焼いた料理と認識するため、こうした表示は消費者に料理の品質を誤認させるおそれがあるからです。形成肉を使用したステーキを提供する場合には、「成形肉使用」などと料理名の近くに表示し、一般の消費者を誤認させないように配慮する必要があります。

その他にも、消費者庁のガイドラインは、具体的な実例に沿ったメニュー・料理の表示方法を、Q＆A形式でわかりやすく示しています。飲食店を営業している事業者は、提供している料理の品目に該当する項目をよく確認するようにしましょう。

■ 認められる表示と問題になる表示

【例】『牛の成形肉を焼いた料理』に関するメニュー表示について

■『ビーフステーキ』・『ステーキ』
⇒一般消費者が「牛の生肉の切り身を焼いた料理」と誤認するおそれがあるため認められない

■『ハンバーグ』
⇒一般消費者が「牛の生肉の切り身を焼いた料理」であると認識するおそれがないため認められる

4 食品表示法について知っておこう

食品表示の規定が一つの法律に統合された

■ 食品表示法とはどんな法律なのか

食品表示法とは、平成27年4月から新たに施行された法律です。食品関連事業者などに対し、販売する食品に一定の基準に従った表示をするように義務付けることで、食品の安全性を確保することを目的とした法律です。

食品のパッケージには、その食品の名称、原材料名、添加物名、内容量、賞味期限、保存方法、製造者など、さまざまな情報が記載されています。消費者は、こうした表示から、必要な情報を知ることができ、自主的に購入する食品を選択することができます。

食品の表示については、これまでさまざまな法律で定められていました。たとえば、衛生上の危害の発生を防止するための情報は食品衛生法、品質に関する情報はJAS法、栄養に関する情報は健康増進法で定められており、所轄する省庁も表示内容によって異なっていました。そのため、表示のルールが複雑になっており、消費者にとっても事業者にとっても非常にわかりづらいという問題が生じていました。

そこで、食品表示についての所轄庁を消費者庁に置き、食品表示を一元的に管理することで、こうした問題の解決を図ることになりました。つまり、食品衛生法、JAS法、健康増進法のうち、食品表示に関する規定のみが抜き出され、食品表示法の中に統合されることになったわけです。

■ 食品表示基準とは

食品表示についての具体的なルールを定めているものが、**食品表示**

基準です。内閣府令で定められており、平成27年4月から施行されています。

　食品表示基準は、食品の種類（加工食品、生鮮商品、添加物など）と、食品関連事業者等の種類（一般消費者に販売される形態の食品を扱う事業者、業務用食品を扱う事業者など）ごとに区分される形で定められています。

　従来の表示ルールから大きく変更があった点としては、加工食品と生鮮食品の区分の仕方です。たとえば、食肉をカットしてパック詰めしたものについて、JAS法では生鮮食品、食品衛生法では加工食品というように、これまでは法律によって区分が異なっていました。しかし、今後はJAS法のルールに従うことになりましたので、前述の食肉パックは生鮮食品に区分されることになります。なお、生鮮食品とは調整又は選別されたもののことをいい、加工食品とは製造又は加工されたもののことをいいます。

　また、**アレルギー表示**についても大きな変更がありました。これまでは、特定加工食品（アレルゲンが含まれていることが明らかな加工

■ アレルギー表示の対象と表示方法

対象		特定原材料を原材料とする加工食品及び添加物
食品の名称	特定原材料（義務）	えび、かに、小麦、そば、乳、卵、落花生（7種）
	特定原材料に準じるもの（任意）	いか、キウイフルーツ、くるみ、大豆、バナナ、もも、ごま、豚肉等（20種）
表示方法	個別に表示	例：じゃがいも、ハム（豚肉を含む）、マヨネーズ（卵を含む）
	一括して表示	例：じゃがいも、ハム、マヨネーズ（原材料の一部に豚肉、卵を含む）

※飲食店に表示義務はないが、ガイドライン等によって、自主的にメニューにアレルギー表示をすることが推奨されている。

食品）については、アレルゲンを表示する義務が免除されていました。しかし、安全性をより確実なものとするために、この制度は廃止されました。したがって、たとえばパンやうどんについても「小麦を含む」、マヨネーズについても「卵を含む」というように、今後は必ずアレルゲン表示をしなければなりません。

■ 従来の表示の仕方が認められる経過措置について

食品表示法と食品表示基準は、平成27年4月から施行されています。しかし、食品への印刷内容を変更するためには、一定の準備期間が必要になります。また、以前の表示ルールに従った在庫を大量に抱えている事業者も少なくありません。そこで、食品表示基準が施行されてから一定の期間内であれば、以前の表示ルールに従った食品を販売してもよいことになっています。

具体的には、「生鮮食品の場合は平成28年9月末まで」「加工食品の場合は平成32年3月末まで」というように、食品の種類によって異なる経過措置期間が定められています。

なお、新しい表示へ切り替える際には、すべての表示項目を一斉に変更する必要があります。少しずつ段階的に変更していく方法は認められていませんので注意が必要です。

■ 保健機能食品制度とは

食品は、大きく分けて、一般食品と保健機能食品の2種類に分類することができます。このうち、一般食品は機能性の表示をすることができませんが、保健機能食品であれば機能性の表示ができるという特徴があります。機能性の表示とは、たとえば、「脂肪の吸収をおだやかにする効果があります」「おなかの調子を整える効果があります」「カルシウムは歯や骨の形成に必要な栄養素です」などという表示をすることをいいます。

食品の機能性を表示することができる保健機能食品としては、これまでは、①特定保健用食品（トクホ）と、②栄養機能食品の2つしか認められていませんでした。つまり、機能性の表示ができる食品は、国が審査し個別に許可した食品と、国の規格基準に適合した栄養成分の食品に限られていました。

　しかし、平成27年4月からは、保健機能食品の種類が増え、「機能性表示食品」についても機能性の表示ができるようになりました。このことを機能性表示食品制度といいます。

　機能性表示食品とは、事業者が食品の安全性や機能性についての根拠を消費者庁長官に届け出た食品のことです。国による審査は受けないため、事業者が臨床試験（人を対象にした試験を実施して評価すること）または研究レビュー（一定のルールに基づいて該当する論文を検索し、総合的に評価すること）によって科学的な根拠を示す必要があります。

　機能性表示食品が追加されたことにより、消費者はより多くの正しい情報を得て、食品を選択できるようになったといえるでしょう。

■ **新しい表示のルールと経過措置**

- 添加物は原材料名とは明確に区分して表示する
- 栄養成分表示の義務化、ナトリウムの表示方法の変更
- 特定加工食品のアレルギー表示免除制度を廃止
- 加工食品と生鮮食品の区分の統一　など

加工食品	平成32年3月31日までに実施
添加物	平成32年3月31日までに実施
生鮮食品（一般用）	平成28年3月30日までに実施
生鮮食品（業務用）	経過措置なし （平成27年4月1日より実施）

5 栄養成分やアレルギーの表示について知っておこう

飲食店も表示することが望ましいとされている

■■ 食品表示をするときにはどんな点に気をつけたらよいのか

　糖尿病を患っている人など、栄養管理が必要な人にとっては、摂取する食品の栄養成分は非常に重要な情報です。また、食物アレルギーがある人にとっても、食品を摂取する前に、その原材料にアレルギー物質が含まれていないかどうかを確認することが、非常に重要な作業になります。飲食店は、一部の例外を除き、食品表示基準の適用を受けません。したがって、飲食店には、提供する飲食物の栄養成分や原産地、飲食物に含まれるアレルギー物質などについて、消費者に表示する義務がありません。しかし、国や自治体は、消費者が安心して食事をすることができるよう、飲食店の食品表示について、さまざまなガイドラインを設けています。今後は、飲食店も、自主的に食品表示に取り組んでいくべきでしょう。そこで、食品表示をする場合に、どのような点に気をつけたらよいのかを確認しておく必要があります。

■■ アレルギーの表示はどのように行うのか

　食物アレルギーとは、ある食物（アレルギー物質）を摂取すると、体内で過剰な免疫反応が起こり、血圧低下や呼吸困難、意識障害などの症状を引き起こしてしまう反応のことをいいます。重篤な健康危害を発生させる原材料として特定されているアレルギー物質は、「特定原材料等」と呼ばれ、現在は27種類の食品がこれに該当しています。中でも、えび、かに、小麦、そば、卵、乳、落花生の7種は、特にアレルギー症状が重篤であったり、発症例が多いため、「特定原材料」と呼ばれています。食品表示法は、事業者に対し、特定原材料を含む

食品を販売する際には、アレルギー表示をしなければならないと定めています。また、その他の20種を含む食品については、表示を義務とはしていないものの、表示することが推奨されています。飲食店にはアレルギー表示の義務がありません。しかし、飲食店を営業していく上では、アレルギー疾患のある消費者の安全性にも配慮していくことが望ましいでしょう。たとえば、メニューの料理名の近くに、使用されている特定原材料の表示をしておけば、消費者も安心して注文することができます。また、消費者から問い合わせがあった際に、正しい情報を伝えられるよう、従業員に食物アレルギーや原材料についての教育を徹底しておくことも大切です。

■■ 原産地はどのように表示するのか

農林水産省の公表している「**外食における原産地表示に関するガイドライン**」が参考になります。ガイドラインは、外食事業者が、原材料の原産地等を自主的に表示することによって、消費者がメニューを選択する際に、必要な情報を得ることができるようにすることを目的としています。表示の対象となるのは、①基本的な原材料（そのメニューになくてはならない原材料や、メニュー名に用いられている原材料などのこと）と、②主要なメニュー（売れ筋メニューや定番メニュー）です。表示方法としては、国産である場合は「国産」、外国産の場合は「○○国産」というように表示します。都道府県や地域が限定されている場合には、その詳細を表示してもかまいません。

ただし、原材料を調達するにあたって、複数の産地から仕入れをする場合も想定されます。その場合は、使用する重量が多いものから順に表示します。具体的には、「豚肉（国産、アメリカ産、その他）」というように表示します。表示は、メニューに記載したり、店内の見やすい場所に張り付けたポスターに記載するという方法があります。消費者からわかりやすい表示となるように、配慮する必要があります。

■ 栄養成分表示の義務化・栄養強調表示とは

　食品表示法の施行により、これまで任意であった食品への栄養成分の表示が義務化されました。飲食店には食品表示法が適用されませんので、栄養成分を表示しなければならない義務は負いません。しかし、飲食店においても、消費者の健康面に配慮した対応をしていくことが望ましいといえるでしょう。

　食品表示法において表示が義務化されている栄養成分は、①エネルギー、②たんぱく質、③脂質、④炭水化物、⑤ナトリウム（食塩相当量）の5種類です。また、任意で表示することができる栄養成分としては、飽和脂肪酸、食物繊維、糖類、トランス脂肪酸、コレステロール、ビタミン類、ミネラル類があります。表示は、①〜⑤の順に従って表示する必要があり、その後に続き、任意で表示することができる栄養成分を表示しなければなりません。具体的な栄養成分表示を行うための手順については、消費者庁が公開している**「食品表示法に基づく栄養成分表示のためのガイドライン」**を確認するようにしましょう。

　また、一定の基準に従えば、食品に**栄養強調表示**をすることも可能です。栄養強調表示とは、欠乏や過剰な摂取によって、国民の健康に影響を及ぼす栄養成分につき、補給や適切な摂取ができる旨の表示をすることをいいます。補給できる旨の表示ができる栄養成分としては、食物繊維、カルシウム、鉄、マグネシウムなどがあります。また、適切な摂取ができる旨の表示ができる栄養成分としては、脂質、コレステロール、糖類、ナトリウムなどがあります。強調表示の方法としては、絶対表示と相対表示があります。たとえば、「○○が豊富」「○○入り」「△△ゼロ」「△△控えめ」といった表示は、絶対表示です。また、「○○10倍」「○○20％アップ」「△△30gオフ」「△△10％カット」といった表示は、相対表示です。ただし、強調表示をする場合は、強調表示基準に従った表示をする必要がありますので、注意が必要です。

6 トレーサビリティ法について知っておこう

牛や米には流通経過を追跡するための法律がある

■ どんな法律なのか

ここでいう**トレーサビリティ**とは、食品が生産されてから、最終的に消費されたり廃棄されたりするまでに、その食品がどのような流通過程を経たのかを追跡できることをいいます。食品の品質管理を徹底するために、日本においても導入されているシステムです。

トレーサビリティによって、食品の流通過程が明確になっていれば、たとえば食中毒などが発生した時に、食品の流通ルートを遡ることで、何が原因であったのか究明することが可能になります。また、問題を起こした食品が消費者の手に渡り、消費される前に、その食品を回収することも可能になります。

日本においては、BSE問題の発生を受けて、平成15年に「牛の個体識別のための情報の管理及び伝達に関する特別措置法」が制定され、牛のトレーサビリティが義務化されています。また、事故米問題の発生を受けて、平成21年に「米穀等の取引等に係る情報の記録及び産地情報の伝達に関する法律」が制定され、米穀のトレーサビリティも義務化されています。

これらの法律は、それぞれ「牛トレーサビリティ法」「米トレーサビリティ法」と呼ばれており、食品の流通に関わる各事業者が守らなければならないルールを定めています。

■「米」のトレーサビリティとはどのようなシステムか

米トレーサビリティ法とは、米や米加工品に問題が生じた場合に、その原因を突き止めることができるよう、生産や流通の各段階におけ

る取引内容を記録して、その内容を保存するルールを定めた法律です。取引履歴が明確になることで、米の産地情報を取引先や消費者に正確に伝達することも目的としています。

米トレーサビリティ法は、米穀（精米、玄米など）、米飯類（各種弁当、各種おにぎりなど）、米加工食品（もち、清酒、米菓など）、などを対象としています。米粉や米麹など、主要食糧に該当するものも対象の範囲内です。

また、米トレーサビリティ法の規制は、米や米加工品の販売、輸入、加工、製造又は提供の事業を行うすべての事業者に及びます。したがって、米や米加工品を提供する飲食店は、すべてこの法律の規制を受けることになります。

米穀事業者に課せられている義務とは、①米穀等の取引時に入荷・出荷記録を作成し保存すること、②取引先の事業者や一般消費者に、米穀の産地、米加工食品の原料米の産地を伝達すること、の2点です。①については、名称、産地、数量、入荷・出荷年月日、取引の相手方、用途を制限されている場合にはその用途、などを記録します。また、取引の記録だけでなく、事業間で移動した場合や、廃棄を行った場合にも、記録することが必要になります。なお、記録の保存期間は、原則として取引後3年間です。

■「牛」のトレーサビリティとはどのようなシステムか

牛トレーサビリティ法とはBSEのまん延防止と、牛肉の安全性についての信頼確保のために、定められている法律です。具体的には、牛の一頭一頭に個体識別番号を付して、出生（輸入）時から消費者への提供・販売時まで、牛の流通を一元的に管理するシステムを定めています。個体識別番号は、牛の両耳に装着された耳標に印字されます。この耳標は、出生時や輸入時に取り付けられることになっており、以後取り外しをすることは禁止されます。

個体識別台帳は、農林水産大臣（実際には独立行政法人家畜改良センターに委任）が作成することになっており、そこに牛の個体識別番号と共に、生年月日（輸入年月日）や性別、母牛の個体識別番号、種別、牛の管理者の氏名、とさつ・死亡の情報などが記録されます。こうした情報は、インターネットでも公開されており、いつでも誰でも情報を確認することが可能です。

　牛の管理者やと畜者は、台帳に記載する一定の事項が発生した場合には、農林水産大臣に届け出をして、台帳の内容を更新していく必要があります。

　牛がとさつされ、特定牛肉となると、販売業者（卸売業者や小売店）には個体識別番号の表示義務や伝達義務が生じます。具体的には、枝肉、部分肉、精肉というように牛肉を加工し、流通させていく中で、販売業者は取引相手に個体識別番号を表示しなければならず、取引先もその情報を帳簿に記録し、保存する義務を負います。なお、特定牛肉とは、個体識別台帳に記録された牛から得られた牛肉（枝肉・部分肉・精肉）のことをいいます。ただし、牛肉加工品、ひき肉、牛肉の整形に伴い副次的に得られたくず肉は、特定牛肉から除かれています。

■■ 飲食店にはどのような義務があるのか

　経営する飲食店が米飯類を提供する飲食店の場合、米トレーサビリ

■ トレーサビリティ法の規制と飲食店の義務

	対象品目	飲食店の義務
米	米穀、米飯類、米加工食品、など	取引等の記録の作成・保存、 事業者間の産地情報の伝達、 一般消費者への産地情報の伝達（米飯類のみ）
牛	特定牛肉	（特定料理提供業者のみ） 仕入れの記録・保存、個体識別番号の表示

ティ法によって、一般消費者に対し米飯類の産地情報を伝達する義務を負います。飲食店の場合は、小売店の場合とは異なり、産地情報を伝達しなければならない対象が、米飯類のみに限定されています。つまり、各種弁当や各種おにぎり、チャーハン、カレーライスなどを提供する場合には産地情報を伝達しなければなりませんが、米粉を使用したデザートを提供する場合などには産地情報を伝達する必要がありません。

伝達する方法には、店内に「当店のごはんは○○国産の米を使用しています」というように産地を直接掲示する方法と、「産地情報については店員にお尋ね下さい」というように産地を知るための方法を掲示する方法があります。

なお、前述したように、米穀事業者が記録しなければならない事項の中には、廃棄についての情報も含まれていますが、飲食店が来客の食べ残しを廃棄する場合については、記録を省略できることになっています。

飲食店が特定料理提供業者である場合には、さらに、牛トレーサビリティ法上の一定の義務も負うことになります。**特定料理提供業者**とは、主として特定料理（焼肉、しゃぶしゃぶ、すき焼き、ステーキのこと）を提供する事業者のことです。該当する飲食店が、特定料理を「主として」いるかどうかは、仕入れや販売額の過半を特定料理が占めているかどうかという基準などで判断されます。

特定料理提供業者は、特定料理を消費者に提供する際に、個体識別番号を表示しなければなりません。表示方法には、店頭の掲示板に表示する方法や、メニューに表示する方法などがあります。口頭で伝えるだけでは表示をしたことにはなりませんので注意しましょう。また、個体識別番号や仕入れた年月日、仕入先、仕入れた量などを記載した帳簿を備え付ける義務も負います。備え付けた帳簿は、1年ごとに閉鎖し、閉鎖後2年間保存しなければなりません。

7 通信販売をめぐる法律問題をおさえておこう

特定商取引法に基づく表示をすることが必要である

■■ どんな法律上の規制を受けるのか

　飲食店の中には、商品を売る手段として通信販売を取り入れている店舗もあります。**通信販売**とは、消費者がテレビ、メール、インターネットのホームページ、カタログなどを見て、郵便や電話、ファックス、インターネットなどを通じて購入の申込みをする販売形態をいい、特定商取引法で規定されています。最近では、インターネットの普及によって、ネットショッピングが増えてきています。なお、電話勧誘によるものは、別途、電話勧誘販売という形態として規制されています。

　通信販売は、非常に利便性が高く、メリットの多い販売方法ですが、店舗の従業員と消費者が実際に顔を合わせて取引が行われていないという点に弱点があります。広告には商品のよい面ばかりが載せられがちですし、商品説明も100％正しいというわけではないかもしれません。

　また、店舗で商品を見定めるときのように、気軽に販売員に質問をするということもできません。このような状況で取引をすると、商品が届いたときに「自分の思っていたものと違う」と感じることもあるでしょう。

　このように通信販売には独特のトラブルがあるため、**特定商取引法**によってさまざまな規制が定められています。たとえば、誇大広告等にあたる行為は禁止されています。誇大広告等にあたる行為とは、著しく事実と異なる表示をすること、あるいは、実際よりも著しく優良もしくは有利であると誤認される表示をすることです。違反した事業者は業務停止命令などの行政処分や罰則の対象になります。

　その他、通信販売事業者は、経済産業省令（特定商取引に関する法

律施行規則）による規制も受けることになっています。

■■ 通信販売をする場合の事業者の義務

　通信販売では、消費者は広告を見ることで商品を購入するかどうかを判断します。そこで、特定商取引法は、事業者が通信販売を行う際の広告について、一定の事項を表示することを義務付けています（特定商取引法11条）。この一定の事項のことを必要的記載事項といいます。具体的な内容は212ページの図の通りです。

　この必要的記載事項は、「特定商取引法に基づく表示」と題した書面などによって表示されることになりますが、インターネットを利用した通信販売の場合は、この内容を表示するための独立したページを作成することが多いようです。消費者は、それらの表示を見て、取引の内容を判断することになります。なお、複数の商品を取り扱う場合、「特定商取引法に基づく表示」に記載する商品名や代金については、「販売価格の詳細は各商品ページに記載しています」などと記載すればよいことになっています。

　なお、必要的記載事項の中には返品制度に関する事項があります。返品というとクーリング・オフを思い浮かべがちですが、通信販売にはクーリング・オフは認められていません。そのため、通信販売にはクーリング・オフとは別の返品制度が導入されています。この制度は、通信販売で購入した商品の到着後、8日以内であれば、商品購入者の負担で返品できることを認める制度です。

　ただし、通信販売をする際の広告に、あらかじめ「返品できない」旨を記載している場合には、事業者は消費者からの返品に応じる必要がありません。返品を認めるかどうかは、事業者しだいということになります。この点がクーリング・オフとの大きな違いといえるでしょう。したがって、消費者としては、購入する前に、ホームページやカタログに返品の可否について書かれているかどうかを確認する事が大

切になります。

　ただし、事業者が「返品不可」という表示をしていたとしても、商品に事業者側の過失による瑕疵（破損・欠陥など）がある場合には、民法の債務不履行責任（415条）や瑕疵担保責任（570条）が生じますので、事業者は返品の要求に応じなければなりません。

■ どんな配慮が必要なのか

　まず、販売価格については、消費者が実際に支払うべき実売価格を記載しなければなりません。また、消費税の支払いが必要な取引の場合は、消費税込の価格を記載する必要があります。消費者に正確な支払い金額を伝えるため、曖昧な表記をしないように注意しましょう。

　また、消費者側が送料を負担する場合は、販売価格とは別に送料を明記する必要があります。送料の表示を忘れると、「送料は販売価格に含まれる」と推定され、結果として送料を請求できなくなるおそれがあります。送料は、顧客が負担すべき金額を具体的に記載するようにしましょう。

　代金の支払時期については、前払い、後払い、商品の引渡しと同時（代金引換）などいくつかのパターンがあります。たとえば、後払いでは、「商品到着後、1週間以内に同封した振込用紙で代金をお支払

■ **通信販売と返品制度**

①通信販売による商品の購入契約

クーリング・オフ ✕

消費者　　　　　　　事業者

②商品到着後8日以内の商品の返品

ただし、広告で「返品不可」と明記されている場合には返品はできない！

い下さい」などと記載することが必要です。一方、代金引換の場合は、「商品到着時に、運送会社の係員に代金をお支払い下さい」などと記載するようにしましょう。

商品の引渡し時期については、注文のあった商品が消費者のもとに届くまでにどの程度の期間がかかるかを明確に表示する必要があります。また、商品の発送時期（または到着時期）も明確に表示するようにしましょう。

なお、瑕疵担保責任に関する特約がある場合は、その内容を記載する必要があります。ただし、事業者の瑕疵担保責任をすべて免除する旨の特約は、消費者契約法により無効となりますので注意しましょう。

■ 通信販売における広告の必要的記載事項

①商品、権利の販売価格又は役務の対価（販売価格に商品の送料が含まれない場合には、販売価格と商品の送料）
②商品・権利・役務の対価についての支払時期と支払方法
③商品の引渡時期、権利の移転時期、役務の提供時期
④返品制度に関する事項
⑤販売業者・サービス提供事業者の氏名（名称）、住所及び電話番号
⑥ホームページにより広告する場合の代表者・責任者の氏名
⑦申込の有効期限があるときは、その期限
⑧購入者の負担する費用がある場合にはその内容と金額
⑨瑕疵担保責任についての定めがある場合にはその内容
⑩ソフトウェアに係る取引である場合のソフトウェアの動作環境
⑪商品の販売数量の制限、権利の販売条件、役務の提供条件がある場合はその内容
⑫広告の表示を一部省略する場合の書面請求について費用負担がある場合にはその費用
⑬電子メール広告をする場合には電子メールアドレス

書式　特定商取引法に基づく表示

特定商取引法に基づく表示

商品名	商品毎にウェブサイト上に表示しています。
代金	商品毎にウェブサイト上に表示しています。
送料	4,000円以上お買上げの場合は無料、その他の場合は全国一律400円をご負担頂きます。
代金支払方法	次のいずれかの方法によりお支払い下さい。 ①　クレジットカード番号を入力する。 ②　弊社指定の銀行口座へ振り込む。 ③　コンビニ決済の番号を取得してコンビニで支払う。 ④　商品を届ける宅配業者に現金で支払う。
代金支払時期	①　クレジットカードによるお支払いは商品発送の翌月以降に引き落とされます。 ②　弊社銀行口座へのお振込は商品発送前に前払いして下さい。 ③　コンビニでのお支払いは商品発送前に前払いして下さい。 ④　代金引換発送は商品お受取り時にお支払い下さい。
商品のお届け時期	代金引換の場合はお申込日から、それ以外は決済日又は入金日から1週間以内にお届け致します。
商品のお申込のキャンセル	お申込後のキャンセルはお受け致しかねます。
商品の返品について	商品不具合以外を理由とする返品はお受け致しかねます。
事業者名	株式会社スズタロダイエット
所在地	東京都○○区○○1-2-3
電話番号	03-0000-0000
通信販売業務責任者	鈴　木　太　郎

8 お客様から賠償請求された場合の対処法について知っておこう

賠償請求される事例を分類しておき、適切な対処法を学ぶ必要がある

■ どんな場合が考えられるのか

　お客様が飲食店に対して損害賠償請求を行う場合には、さまざまなケースが考えられます。

　まず、お客様が店舗内等において負傷した場合に、その損害について損害賠償請求を行う場合が考えられます。

　また、飲食店が雇用しているアルバイトなどの従業員が、お客様に対して損害を与えるような事故を起こすことも考えられます。飲食店自身が与えた損害ではありませんが、飲食店側としては、雇用しているアルバイトなどによって、事業を円滑に進めることで利益を上げようとしているわけですから、事業を行う上で、従業員等がお客様に対して与えた損害に対して、飲食店側が責任を負わなければならない場合も考えられます。

　そして、飲食店側が、お客様から預かった私物について、紛失等した場合にも、損害賠償請求が問題になる場合があります。従業員等自身が盗難した場合に、飲食店側に責任が生じることはもちろんのことですが、それ以外にも、管理体制に落ち度があった場合にも、飲食店側が責任を負担しなければならない場合があります。

■ 店内での事故の責任を負う場合と負わない場合

　飲食店が所有・使用・管理している店舗等の施設や設備、用具等の管理の不備が原因で、お客様が負傷したような場合、飲食店側が、その損害賠償責任を負うか否かが問題になる場合があります。たとえば、飲食店の床が、調理に用いる油などのために滑りやすい状態であった

ために、その床ですべって転んだお客様が骨折等の負傷をしたために、飲食店に対して債務不履行に基づく損害賠償請求を行うことが考えられます。

債務不履行とは、相手方に対して一定の債務を負っている者が、行うべき債務の履行をしなかった場合に、相手方に生じた損害を賠償する責任のことです。飲食店側は、お客様の生命・身体が安全な状態で店舗等を利用できるようにするための安全配慮義務を負っています。したがって、前述の例では、一般に、床を滑りやすい状態で放置していた飲食店側には、安全配慮義務違反を認めることができるため、負傷したお客様に対して、債務不履行に基づいて生じた損害の賠償責任を負うことになります。

しかし、飲食店側が常に責任を負担するわけではありません。損害賠償責任を負う場合には、故意や過失が必要になるところ、一般には、前述のように、滑りやすい床を放置していたなどの過失を認めることができます。しかし、清掃等を徹底していたにもかかわらず、何らかの事情によってお客様が転倒して、負傷してしまうということもあり得ます。このような場合には、飲食店側には過失と呼べるほどの落ち度がありませんので、損害賠償責任を免れることができます。

なお、飲食店側に過失がある場合であっても、お客様の転倒時に酩酊状態であった場合など、お客様の側にも何らかの落ち度が認められ

■ **債務不履行の損害賠償請求**

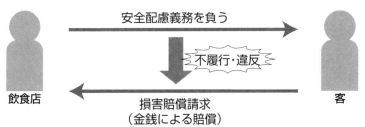

第6章 ◆ 表示・広告・クレームその他の問題　215

る場合には、飲食店側は、完全に責任を免れることはできませんが、損害賠償額の算定にあたって、お客様の過失割合に応じて、損害賠償責任の負担額の減額が認められる場合があります（過失相殺）。

■ どんな対策をしておけばよいのか

　店内での事故に基づき、飲食店側が損害賠償責任を負わなければならない事態を防ぐためには、前述のように飲食店側に過失が認められないような状態を作っておくことが有用です。そのため、飲食店の店舗の施設等を、常に高い安全性を維持する状態を保つために、清掃や点検等を徹底しておく必要があります。

　もっとも、清掃や点検を徹底していても、何らかの事情が重なり、店舗内で事故が起こってしまうこともあり得ます。そこで、あらかじめ不測の事態に備え、損害賠償責任保険に加入しておくことも重要です。

■ お客様同士のケンカなど

　お客様同士の間で、ケンカなどのトラブルが生じた場合には、原則として飲食店側には何ら責任は生じません。ただし、トラブルがエスカレートしたために、他のお客様が負傷したり、思わぬ損害を被るおそれがある場合があります。そこで、このような場合には、飲食店側としては、トラブルを起こしたお客様同士の席を遠ざけてみたり、または、店内の外に出てもらえるように促すことが大切です。

　もっとも、トラブルが暴力行為にまで及んでいる場合には、前述のような働きかけはあまり意味を持たない場合があります。そこで、このような場合には、飲食店側は警察に通報して、事態の収束を図ることが考えられます。ケンカなどによって他のお客様が負傷したり、場合によっては従業員等が負傷する、または、店舗の備品などが破壊されることがあり得ます。このような場合に、生じた損害について、損害賠償責任を負担するのは、ケンカをしたお客様ということになります。

■ 従業員が起こした事故の責任

アルバイト店員等の従業員が起こした事故が原因で、お客様に損害を与えた場合について考えてみましょう。たとえば、従業員がお客様が注文した料理を運ぶ過程で、誤ってお客様の衣服に料理をこぼしてしまい、お客様の衣服を汚してしまう場合などが挙げられます。

この場合、事故を起こした従業員本人は、不法行為に基づく損害賠償責任を負います。**不法行為**とは、（故意または過失による）違法な行為によって相手方の権利や利益を侵害する行為をいいます。このように、直接の加害者は従業員等自身ですので、本来、損害賠償責任を負担するのは、従業員等ということになります。しかし、従業員等が業務によって高額な損害賠償責任を負担しなければならないのであれば、あまりにも従業員等の負担が大きくなり過ぎる場合があります。

また、飲食店側としても、従業員等がいることで、事業を継続・拡大することが可能になっている面がありますので、従業員等が起こした事故等について、飲食店側が責任を負担する場合があってもよいと思われます。実際に、飲食店とアルバイト等の従業員等との間では、

■ **使用者責任の追及**

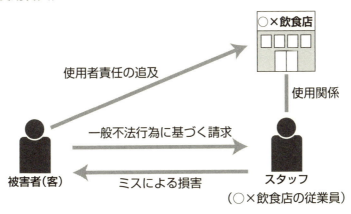

雇用契約等が結ばれているのが通常ですので、従業員等が与えた損害等については、使用者責任として、飲食店側がお客様に対して損害賠償責任を負わなければならない場合があります。

■■ 私物や忘れ物の管理責任

飲食店側が、お客様の私物を預かっていたり、または、お客様が忘れて帰った物の保管等をめぐり、損害賠償責任が問題になる場合があります。

まず、お客様の預かっていた私物を紛失したような場合ですが、飲食店側にはお客様から預かった物について、「善良なる管理者としての」注意を払って扱うことが求められています（善管注意義務）ので、紛失等した場合には、お客様に対して、損害賠償責任を負います。しかも、この責任は、大規模災害等の予期せぬ場合を除いて、免れることはできません。そして、お客様の忘れ物については、遺失物法によって速やかに持主へ返還するか、警察署に届け出なければならないと規定されています。なお、持主の個人情報を保護する必要があるため、速やかに警察を呼び寄せると共に、飲食店側が忘れ物の中身等を確認することは慎む必要があります。

■■ 店内での盗難

店内で、お客様の私物等が盗難にあった場合で、容易に盗難が起こりやすい状況を作り出していた場合には、飲食店側が損害賠償責任を負います。なお、盗難を行った者が従業員等であった場合には、飲食店側が使用者責任に問われる場合があります。

9 異物混入について知っておこう

お客様の目線からはさまざまな物が異物と考えられ得ることを念頭に、誠実に対応する必要がある

■ どんな場合に発生するのか

　食品の**異物混入**とは、食品の中に、虫やビニール片・金属片・プラスチック片をはじめ、さまざまな物が混入してしまう事例をいいます。食品の異物混入に関するニュースは多く、食品の安全性に対するお客様の関心が高まっています。また、異物混入の事例の中には、食べたお客様の歯が欠けてしまったり、異物によって口内を切ってしまうなど、お客様が負傷してしまうような深刻な事例もあります。

　食品衛生法6条4項は「不潔、異物の混入又は添加その他の事由により、人の健康を損なうおそれがあるもの」について製造販売を禁止しています。したがって、原則として異物混入した食品を販売することは違法です。しかし、何が異物であるか明確に記述されているわけではありませんので、問題になる場合が少なくありません。

　お客様の立場からは、食品中にある不快な物はすべて「異物」であるととらえるのが一般的です。異物の判断基準は、形や大きさ・色・性状・危険性により一律に決められるものでなく、異物であるとお客様が感じる感じる可能性のある物すべてが、異物混入のクレームにつながる恐れがあることを認識しておく必要があります。

　もっとも、飲食店側としては、異物混入として多く報告されている、調理器具の破片や毛髪の混入については、あらかじめ対策を立てて防ぐことができます。調理器具等に少しでも破損が見当たった場合には、新しい器具等に変えるよう徹底しておき、調理担当者をはじめ、帽子やマスク・ボタンなどが混入するおそれがない調理者専用の制服を用意すること、従業員等が時計や貴金属等を身につけることを禁止する

マニュアル作りの徹底などにより、防止策を講じておくことが重要です。

■■ 異物混入のクレームがあったらどう対処する

　異物混入に関するクレームを受けた場合に、飲食店側としては、主に①事実確認、②原因究明と再発防止に向けた取り組みが重要になります。当然のことながら、クレームの処理にあたっては、お客様の立場に配慮して誠実に対応することが求められます。

　まず、クレームを受けた場合には、クレームを受けた日時、お客様の氏名・住所など連絡先を聞き取る必要があります。そして、お客様のクレームの内容がどのようなものであるのか、十分に聞き取り、正確に内容を把握することが大切です。特に、実際は焦げたネギなど、異物ではなくても外観から異物であるとお客様が判断して、クレームに至る場合があります。このような場合も、すぐにお客様の話をさえぎるのではなく、最後まで話を聞き取った上で、異物ではないことと、異物と誤認してしまうような外観を与えてしまったことをお詫びする姿勢が重要だといえます。

　また、異物により、おう吐や下痢などの症状や負傷等がないかどうかを確かめる必要があります。その上で、お客様が医療機関を受診したかどうかもあわせて確認し、受診していない場合には、費用を飲食店側が負担して、速やかに受診してもらいましょう。

　なお、クレームへの対応と共に、原因究明および再発防止のための措置を速やかに講じることも重要です。食品の調理過程で器具等の破片が混入するケースもあります。原因が明らかになった場合には、お客様に不信感・不安感を持たれないように必要な情報を公開する姿勢を忘れずに、施設の改善点や従業員等の教育方法の改善点など、具体的な方策を示した上で真摯にお客様にお詫びを行うことが大切です。

10 クレジットカードをめぐる法律問題をおさえておこう

スキミング被害を防止する対策が不可欠である

■ 割賦販売法の規制がある

　昨今は、飲食店の多くがクレジットカードによる決済方法を採用しています。現金を扱うことなくスマートに会計を行うことができるため、飲食店側・消費者側双方にとって、時間短縮、釣銭の間違い防止などのメリットがあり、非常に便利な決済方法です。高額な現金を店舗で保管・管理すると、盗難などの危険を伴うことになりますので、クレジットカード決済を採用することで、一定の安全性を確保することにもつながります。

　商品の代金を何回かに分割して支払う販売方式について規定しているのが**割賦販売法**です。割賦払いは支払方法や割賦金利といった点で複雑な契約であるため、当事者が不利益を被らないように、割賦販売法でルールが定められています。割賦販売が適用される取引は、①割賦販売、②ローン提携販売、③包括信用購入あっせん、④個別信用購入あっせん、⑤前払式特定取引、の５つです。

■ クレジットカードのしくみ

　クレジットカードを利用した取引は割賦販売法上の**包括信用購入あっせん**にあたる可能性があります。消費者がクレジットカードを利用して飲食代金の支払いをした場合、飲食店は信販会社から立替払いを受けることになります。そして、消費者は信販会社に対して、支払代金を一括もしくは２か月以上の分割払いなどで返済することになります。

　具体的には、消費者が信販会社やクレジットカード発行会社（包括

信用購入あっせん業者)の交付するカードなど(クレジットカードの他にパスワードやクーポンによる場合もあります)を利用して、代金の支払いを約束し、飲食店が包括信用購入あっせん業者から立替払いを受け、消費者が代金を包括信用購入あっせん業者に対して支払うことになります。これがクレジットカードを利用した商品販売のしくみです。

■ クレジットカード利用手数料を請求する場合の対応

　クレジットカードを利用する際には、クレジットカード会社に一定の手数料を支払わなければなりません。この利用手数料については、一般的には飲食店側が負担することが多くなっています。しかし、厳密には、どちらが払わなけれなならないという決まりはないため、飲食店と消費者の間の話し合いによって、消費者負担とすることも可能です。飲食店のジャンルによっては、一人あたりの支払代金が少ない設定の店舗もあります。このような店舗では、クレジットカードの利用手数料を飲食店側が負担することになると、経営に支障をきたすという場合もあるでしょう。いっそのことクレジットカード決済を採用しないという方法もありますが、利便性を考えた選択肢のひとつとして、クレジットカード決済は採用しつつも、その利用手数料は消費者側とすることも、検討に値する方法です。

　ただし、利用手数料を消費者側の負担とする場合には、消費者にその旨を丁寧に説明して、納得してもらわなければなりません。この作業を疎かにすると、後々トラブルに発展してしまう可能性がありますので、注意が必要です。丁寧な説明をした上で、消費者側が手数料を負担することを嫌がる場合には、支払方法を現金払いに変更してもらうようにしましょう。

■ スキミング被害とは

　最近多発しているのが、不正に読み取ったクレジットカード情報を利用して、クレジットカードが偽造され、これを不正使用されてしまうという犯罪です。これを**スキミング**といいます。クレジットカードは、磁気テープの部分に情報が記録されていますが、何らかの方法によって、この情報が勝手に抜きとられてしまうのです。

　スキミングをするには、何らかの読取装置が必要になります。携帯式のものもありますが、店舗に設置しているクレジットカード端末に、気がつかないうちに読取装置がとりつけられていて、被害が拡大してしまうというケースも多いようです。外部の第三者による犯行の場合もありますが、従業員などの内部の者の犯行の場合もあり得ます。

　店舗で犯罪行為があったと認められる場合には、すぐに警察に通報するようにしましょう。

■ クレジットカードを利用した取引のしくみ

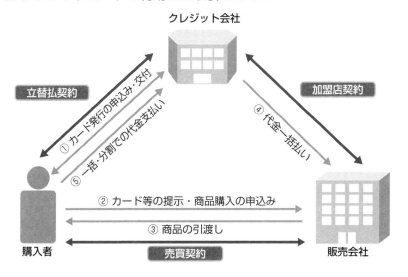

■ どのような対策をとるべきか

　通常、スキミング被害は、クレジットカード会社が発行する明細書を消費者が確認したときなどに発覚します。

　消費者側からスキミング被害にあった旨の連絡が入ったときに飲食店側としてできることは、該当するクレジットカードが使用された際に利用伝票にもらった署名の記載や筆跡などを確認することです。また、どのような状況下において当該クレジットカードが使用されたのか、会計作業を担当した従業員などにも事実確認をしなければなりません。さらに、店舗で使用しているクレジットカード端末に、読取装置がとりつけられていないかどうかも、併せて確認することが必要になります。店舗内で犯罪行為が行われたということになれば、飲食店側の管理責任として、損害賠償請求をされてしまうこともあります。

　このような事態に陥らないためにも、日頃からスキミング対策を怠らないようにしましょう。たとえば、クレジットカード端末付近に監視カメラを設置して、不正な行為ができないようにしておくのもよい方法です。また、従業員が犯罪に加担するケースも少なくありませんので、従業員教育を徹底することも非常に重要です。

■ カードの不正利用と代金の請求

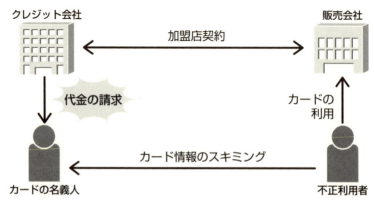

11 予約とキャンセルについて知っておこう

キャンセル料の請求には慎重になる方がよい

■ネットで直前にキャンセルされることもある

　最近では、ネット上で予約の受付を行っている飲食店も少なくありません。消費者としては、空き状況をいつでも確認することができる上、電話を掛ける手間も省けるため、非常に便利なツールです。

　しかし、ネットによる申込みは、気軽に行えることの裏返しとして、直前になってキャンセルされてしまいやすいというデメリットもあります。飲食店側としては、せっかく席を確保したり、コース料理等に使用するための材料を仕入れたのにもかかわらず、直前になってキャンセルをされてしまうと、大きな損害を受けることになってしまいます。

■なぜキャンセル料をとるのか

　そこで、こうした事態を極力避けるため、一定期間より後の予約のキャンセルや人数変更については、**キャンセル料**を取るという飲食店も多くなっています。消費者側が予約申込みをして、飲食店側がそれを承諾した時点で、一定の契約が成立していることになりますので、契約を破棄したことに対する違約金を払ってもらうという意味合いがあります。

　キャンセル料を設定しておけば、あらかじめ来店の可能性が低い予約を排除することに繋がります。また、消費者側に、一度予約をした後に安易にキャンセルを行わないようにする抑止力を生じさせることもできます。

　ただし、キャンセルがあった場合に、実際にキャンセル料を請求するかどうかは別問題です。あらかじめ一定の金額を前払いしてもらっ

ている場合はともかくとして、ネットや電話上のやり取りだけの相手にキャンセル料を請求することは、なかなか難しいでしょう。また、常連の客などで連絡先がわかる場合であっても、キャンセル料を請求することによって、せっかく築いた信頼関係を壊すことも避けるべきです。キャンセル料を請求する際は、慎重な判断が必要になります。

■ キャンセル料の金額をめぐるトラブルと対策

　飲食店側が消費者側に対してキャンセル料を請求することを決断した場合、飲食店側は、請求するキャンセル料の金額を確定しなければなりません。

　キャンセル料の金額は、通常、「予約日の２日前まではコース代金の０％、前日まではコース代金の20％、当日はコース代金の50％」というように、直前になるにつれて高額になるような設定にしていることが一般的です。飲食店側は、予約を受ける際に、いつから、どれぐらいの金額のキャンセル料が発生することになるのか、しっかりと消費者側に説明をしておくことで、トラブルの発生を未然に防止することができます。

　ただし、たとえ契約の上でキャンセル料を設定していた場合であっても、飲食店側に損害が発生していない場合には、その設定通りの請求は認められない場合もあるので注意が必要です。たとえば、まだ数か月以上も先のパーティの予約について、既にキャンセル料が発生する期間であるとして、高額なキャンセル料を請求しても、請求額の全額を取るのは難しいといえるでしょう。

　なお、直前になって予約人数が減ってしまうような場合もあります。こうした場合は、事実上、予約の一部がキャンセルされたということになりますので、飲食店側は、減った人数分のキャンセル料を請求できる可能性があります。

12 障害をもったお客様への対応はどうすればよいのか

身体障害者補助犬の同伴を拒むことは原則として許されない

■ どんな場合に問題になるのか

　障害をお持ちのお客様の**入店拒否**が問題になる場合があります。たとえば、車いすであることを理由に飲食店側が、入店することを拒むことが許されるのかという問題が挙げられます。

　障害者差別解消法は、正当な理由もなく、障害があることを理由に、財やサービス等の各種機会の提供を拒否することをはじめ、障害者の権利や利益を侵害する行為を禁止しています。これは飲食店等の事業者も従わなければならない法的な義務です。また、障害者等の利用を想定して、事前に必要と思われる建築物のバリアフリー化など、障害者の方が利用しやすいように行う環境の整備も、「合理的配慮」として各事業者に求められています。もっとも、状況に応じて障害者の方に必要な配慮の内容や程度は多種多様ですので、事業者が行う合理的配慮については、努力義務と規定されています。

　したがって、入店拒否が、車いすであることのみを理由としているのであれば、それは不当に障害を持たれている方を差別する行為であるため、許されない行為といえます。もっとも、事前に車椅子であることを伝えなかった場合には、事前に伝えておいてもらわないと、とっさに車いすのお客様に対応することが困難な場合も考えられます。また、特に小規模な飲食店は、従業員等の人数が限られていることから、階段等で、障害を持たれているお客様を介助するなどの措置をとる体制が整えにくい場合があります。したがって、単に障害があることに基づく不当な差別であるのか、飲食店側に入店を拒否する無理からぬ事情があるのかどうかを慎重に検討する必要があります。

第６章 ◆ 表示・広告・クレームその他の問題

■ 身体障害者補助犬についてはガイドラインがある

　入店拒否に関する問題については、身体障害者補助犬の同伴を理由に、入店拒否をすることが許されるのかという問題があります。
　身体障害者補助犬とは、盲導犬が広く知られていますが、目・耳・手足に障害のある方のお手伝いをする犬を指します。ペットとは異なり、特別な訓練を受けているので、社会のマナーを守ることができ、衛生面も管理されています。身体障害者補助犬については、身体障害者補助犬法という法律があります。この法律は、「不特定かつ多数の者が利用する施設を管理する者は、当該施設を身体障害者が利用する場合において身体障害者補助犬を同伴することを拒んではならない」（同法９条）と規定しています。したがって、身体障害者補助犬の同伴により施設に著しい損害が発生する場合や、施設の利用者が著しい損害を受けるおそれがあるなど、一般に起こり得ないような特殊な場合を除き、身体障害者補助犬を同伴していることを理由に、入店拒否を行うことは許されません。飲食店では、衛生面が重要ですので、一般にペット同伴は禁止されており、身体障害者補助犬についても、衛生上の理由に基づき入店拒否が許されると思えるかもしれません。しかし、身体障害者補助犬は、衛生上も十分に配慮されていますので、やはり、同伴を禁止することはできません。

■ どのような対策をしておくべきなのか

　バリアフリー社会実現が強く求められている我が国において、飲食店においても、身体に障害をお持ちのお客様が利用しやすい施設の構造や点字メニューなどを整え、特に事前に問合せがあった車いすなどを利用するお客様について、入店を介助する体制を整えておく必要があります。また、前述のように、従業員等を含めて、身体障害者補助犬に対する理解を広げる必要があります。

13 サービス料の請求について知っておこう

合意があれば請求することが可能である

■ サービス料やお通し代とは

　飲食店によっては、飲食代に**サービス料**を加算して支払いを求める店舗もあります。サービス料は、比較的高級な飲食店において、慣習によって請求しているケースが多いようです。目安としては、飲食代金の10〜15％程度の金額に設定されていることが多くなっているようです。また、サービス料と似たようなものに、**お通し**というものもあります。これは、居酒屋などでよく行われているもので、注文を受ける前に、とりあえずの酒の肴として、300円程度で簡単な料理を提供することをいいます。これらに共通するのは、飲食店側と消費者側との間に明確な契約がないのにもかかわらず、料金を請求するシステムになっているという点です。

　飲食店がこうしたサービス料やお通し代を消費者に請求することに、問題はないのでしょうか。

　実際のところ、サービス料やお通し代について明確に定めている法律はありません。ただし、商法においては、「この法律に定めがない事項については商習慣に従い、商習慣がないときは、民法の定めるところによる」と規定されています（1条）。つまり、商事上の習慣として、古くから行われていること（慣行）であれば、飲食店は、サービス料やお通し代を消費者に請求することが可能であるということになります。この点、サービス料やお通し代の請求は、一般的な飲食店において慣行として行われているとまでは言い難いでしょう。日本では、サービス料を請求しない店舗の方が圧倒的に多いようですし、お通しも店舗によっては存在しなかったり、拒否できる場合もあるからです。

■■ 合意が必要だが黙示の承諾というケースもある

　商習慣が認められていない場合であっても、飲食店側と消費者側との間で合意がある場合には、サービス料などを請求することが認められます。合意があれば、サービス料などを含めた契約が成立しているといえるからです。飲食店側と消費者側で合意があったといえるためには、飲食店側がサービス料などについての説明をあらかじめしておく必要があります。また、飲食店側がサービス料などについての説明をあらかじめしていなかった場合であっても、特に消費者側が異議を唱えなかった場合には、支払いを求めてもかまいません。このことを**黙示の承諾**といいます。ただし、異議を唱えなかったからといって消費者が心から納得して支払いをしているとは言い切れません。やはり、飲食店側と消費者側との間で合意しておく方が望ましいでしょう。

■■ トラブルを防止するための対策とは

　よく、レシートにサービス料やお通し代などの明細を表示している飲食店がありますが、これだけではトラブル防止の対策としては不十分です。レシートは、サービスの提供が終わり、飲食代金を支払うときになって交付されるものであるため、その内容を前もって消費者側に知らせるものではないからです。飲食店側としては、あらかじめサービス料やお通し代についての説明をしておくように十分配慮する必要があります。たとえば、サービス料やお通し代については、予約を受け付けるときに口頭で説明したり、メニュー表の目立つところに説明書きを記載しておくようにするとよいでしょう。

　いずれにせよ、サービス内容や料金をできるだけ明確に示すことを心がけることで、飲食店は消費者から深い信頼を勝ち取ることができます。逆に、不透明な部分が多いほど、不信感を抱かせることにつながりますので、消費者が気持ちよく料金の支払いができるよう、工夫することが大切です。

14 受動喫煙をめぐる問題について知っておこう

受動喫煙防止対策を講じるように努める必要がある

■■ どんな法律が関わるのか

　国民の健康を維持・増進することを目的としている法律に**健康増進法**があります。健康増進法は、食生活や運動、休養、飲酒など、生活習慣に関する正しい知識を国民に普及したり、国民の健康状態や栄養状態を調査するためのルールを定めています。健康増進法の規定のうち、飲食店を経営する事業者が特に注目しなければならないのは、受動喫煙についての規定です。**受動喫煙**とは、「室内又はこれに準ずる環境において、他人のたばこの煙を吸わされること」をいいます。

　健康増進法25条は、飲食店など、多数の者が利用する施設を管理する者は、これらを利用する者の受動喫煙を防止するために、必要な措置を講ずるように努めなければならない、と定めています。これは努力義務規定ですので、たとえ何の措置を講じなかったとしても、管理者が罰則を受けることはありません。ただし、各都道府県の条例によって罰則が定められている場合もありますので、地域の条例の内容をよく確認しておく必要があるでしょう。

■■ 受動喫煙をめぐる問題点とは

　たばこの先から出る煙（副流煙）の中には、発ガン性のある化学物質など、有害物質が多数含まれています。自分に喫煙する習慣がないとしても、他人のたばこの煙を吸わされることで、肺ガンや急性心筋梗塞を発症する危険性が上昇することがわかっています。また、子どもが受動喫煙をすると、呼吸機能の発達に悪影響が及び、喘息発作を引き起こす原因になってしまうという調査報告もあります。

受動喫煙による健康被害の拡大を防止することは、国にとって非常に重要な課題です。そこで、平成27年6月に改正が行われた労働者安全衛生法においても、受動喫煙防止対策についての規定が置かれました。つまり、事業者は、労働者にとって快適な職場環境を形成するために、事業者及び事業場の実情に応じて、受動喫煙防止のための適切な措置を講じるように努めなければならないと定められました。

　つまり、飲食店を営む事業者は、労働者に対しては労働者安全衛生法で、来店客に対しては健康増進法で、受動喫煙を防止する対策をとることが努力義務になっているのです。

　なお、労働者安全衛生法では、国が、受動喫煙防止対策に取り組む事業者に対し、必要な援助に努めることも規定されています。具体的には、すべての業種の中小企業事業主を対象に、屋外喫煙所や喫煙室などの設置にかかる費用の2分の1（200万円が上限）を助成したり、たばこ煙の濃度等の測定機器の無料貸出をしています。こういった支援制度を積極的に活用して、受動喫煙の防止に向けた取り組みを行っていく必要があるでしょう。

■ 喫煙エリアを設けるだけでは足りない

　受動喫煙を防止するために最もよい方法は、店舗内を全面禁煙にすることです。ただし、飲食店によっては、全面禁煙の導入が難しい場合もあるでしょう。その場合は、空間分煙（喫煙エリア内でのみ喫煙を可能とし、他の場所は禁煙とすること）の導入を検討しましょう。

　ただし、単に店舗内に喫煙エリアを設けただけでは、空間分煙をしたことにはなりません。喫煙エリアから禁煙エリアへたばこの煙が流れてこないように配慮して、初めて空間分煙できていることになります。空間分煙をする際には、喫煙室に向かう気流を風速0.2m/s以上にするのがよいとされています。

15 飲酒運転への対策について知っておこう

客の飲酒運転により店側が処罰される可能性もある

■ どんな場合に問題になるのか

　飲食店の中には、酒類を販売する店舗も多くあります。お客様に酒類を提供したものの、実際にはそのお客様が、自動車により来店しており、種類を飲んだにもかかわらず、その後自動車を運転して帰ってしまったような場合に問題が生じます。

　つまり、**飲酒運転**を行うお客様が違法行為を行っていることはもちろんですが、特に、飲食店側が、お客様が自動車で来店したことを知っていた（または、少々注意を払っていれば、自動車での来店に気づくことができた）場合には、飲食店が飲酒運転を行うことの手助けを行ったに等しいと評価できるため、法的な責任を負う場合があるのではないかという点が問題になります。特に、飲酒運転をしたお客様が事故を起こしてしまった場合に、飲食店側がどのような責任を負うのかということも、大きな問題です。

■ 飲酒運転をするとどんな罪になるのか

　飲酒運転については、刑法や道路交通法によって重く処罰されます。まず、飲酒運転は「酒酔い運転」と「酒気帯び運転」に区別されます。「酒酔い運転」とはアルコールの影響で正常な運転ができないおそれがある状態で自動車を運転した場合をいいます。「酒気帯び運転」については道路交通法上、呼気1リットル中0.15mg以上のアルコール濃度（ビール中びん1本程度）を検出した場合を基準としています。酒気帯び運転の場合、3年以下の懲役または50万円以下の罰金が科せられます。当然、アルコールの影響で正常な運転ができないおそれが

ある状態で運転した場合は、やはり事故が生じなくても、5年以下の懲役または100万円以下の罰金に処せられます。

また、アルコールなどの影響により正常な運転が困難な運転者による死傷事故の場合、自動車運転死傷行為処罰法に規定されている危険運転致死傷罪が適用されます。たとえば、アルコールなどの影響により正常な運転が困難な場合等には、負傷事故であれば、1か月以上15年以下の懲役、死亡事故の場合には、1年以上20年以下の懲役に処せられます。

■ 店側が責任を負う場合もある

飲酒運転者だけでなく、その周囲の人間も道路交通法によって処罰の対象となります。具体的には、運転手の運転行為が酒酔い運転に該当する場合に、飲食店等の運転手に酒類の提供をした者は、3年以下の懲役または50万円以下の罰金に処せられます。

同様に、運転手が酒気帯び運転に該当する場合、運転手に酒類の提供をした店側は2年以下の懲役または30万円以下の罰金に処せられます。

■ どんな対策があるのか

飲食店側も、お客様が飲酒運転を行うと処罰されるおそれがあります。そのため、まず周辺に駐車場がほとんどないような駅の近くや街中の飲食店では、自動車のお客様は少数であるはずですので、車で来たと知り得るお客様にお酒を提供することは少ないといえます。そこで、ポスターやタクシー・代行が必要なお客様について申し出るよう言っておくとよいでしょう。これに対して、自動車でないと来られないような駐車場付きの店舗は、アルコールを提供する際に、確実に代行等の依頼を行うように、伝票等のチェック欄を設けるなどして、店舗全体の体制を整える必要があります。

16 暴力団への対策について知っておこう

毅然とした態度で臨むことが求められる

■ 実際どんなトラブルがあるのか

　飲食店を経営していると、些細なことから暴力団に関連するトラブルに遭遇してしまう場合もあります。たとえば、提供した飲食物に「異物が混入していた」などと言いがかりをつけられ、不当な金銭の支払いを要求されたりする場合があります。また、「この地域は縄張りだ」と主張して、みかじめ料（挨拶料や用心棒代などのこと）を請求される場合もあります。

　その他にも、店舗に何度も押しかけてきて大声で騒がれたり、店内の物品を壊されたり、というような、さまざまな嫌がらせ行為を受ける場合があります。

■ どのように規制されているのか

　今日、民事介入暴力（暴力団が一般市民の民事に暴力的威圧をもって介入すること）は、社会のさまざまな分野において、一般市民生活の安全と平穏を害しています。しかし、暴力団員等が行う暴力的威圧行為に適切に対処することは、一般市民だけの力では困難であることも事実です。

　そのような実情を考慮し、民事介入暴力の取締りを効果的に推進すると共に、一般市民の危険防止のために必要な措置を講じ、国民の自由と権利を保護することを目的として**暴力団対策法**が制定されています。暴力団対策法は、「暴力団員による不当な行為の防止等に関する法律」の略称です。

　暴力団対策法の特徴としては、まず集団的、あるいは常習的に暴力

的不法行為などを行う可能性が高い暴力団を「指定暴力団」として指定（都道府県公安委員会による指定）し、暴力的要求行為等について必要な規制を行うことで、市民生活の安全と平穏を確保する点にあります。**暴力的要求行為**とは、指定暴力団が自らの威力を示して行う規制すべき行為のことです。飲食店との関わりでいえば、みかじめ料を要求する行為が規制の対象とされている点が重要です（9条4号）。

また、暴力団員以外の者が暴力団等の威力を示して暴力的要求行為に等しい行為を行うことも、**準暴力的要求行為**として規定し、規制しています。

一方、地方公共団体や地域住民、関係機関・団体や事業所等が一体となり、社会全体で暴力団を排除するという理念の下、暴力団を利用したり、暴力団に協力したりする行為を規制することを目的として各自治体により暴力団排除条例が定められています。暴力団排除条例は、一般市民側を規制対象としており、都道府県ごとに若干の相異はあるものの、概ね、暴力団員等に利益の供与をすることを禁止する規定や暴力団事務所の開設及び運営を禁止する規定が置かれています。

■ **暴力団排除条例と暴力団対策法**

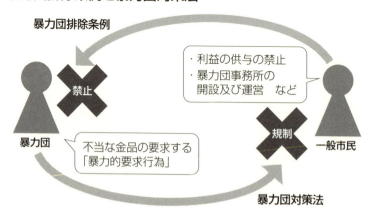

■ どのように対処すべきなのか

　暴力的要求行為や準暴力的要求行為などの**不当要求行為**に遭遇した場合に一番重要なのは、相手に付け入る隙を与えないことです。毅然とした態度で、相手が何を要求しているのかを尋ね、できないことはできないと、はっきりと伝えることが大切です。

　恐怖心に負けて、一度でも相手に譲歩する態度を見せてしまうと、暴力団からの要求がエスカレートしてしまう恐れもあります。困った場合には、「警察から、付き合いはするなという指導を受けている」と伝え、最寄りの警察の暴力団相談窓口に連絡をするようにしましょう。

　この際、不当要求行為の発生日時や場所、概要などをしっかり伝えることが重要です。受け取った名刺を持参したり、要求内容や脅しの様子がわかる録音テープを準備しておくのもよい方法だといえるでしょう。

　公安委員会は、暴力団員が行う金品要求行為や、みかじめ料の要求行為などに対して、中止命令や再発防止命令を出すことができます。

　暴力団員がこの中止命令や再発防止命令に従わない場合には、1年以下の懲役または100万円以下の罰金に処されることになります。

　なお、不当要求行為では、一見して暴力団とは思えない一般人やビジネスマンを装った者、その他政治団体やNPO法人を装った者などから行われる不当な金銭要求などもありますので、あわせて注意が必要です。

■ 不当要求への対応方法

　暴力団などからの不当要求には一切応えないことが原則ですが、対応方法の心構えとしては、まず相手を「暴力団かもしれない」と必要以上におそれないことです。

　毅然とした態度で沈着冷静に対応し、相手を興奮させないよう言葉遣いは丁寧にし、相手の挑発に乗って議論をしないようにします。

不当要求に対しては、検討する余地のない内容がほとんどですが、その場しのぎのために「検討します」「上司に伝えておきます」などといった期待感を抱かせる言動はしないようにしましょう。特にこちらの言動に関して書面での交付を求められても、断るようにします。

　不当要求行為を行う者は、威嚇や交渉に長けた者も多く存在し、やりとりの中で、揚げ足をとったり、不用意な発言をとらえて攻め立てたることも多く、その他、脅したり、すかしたりする方法もあります。

　また、泣きを入れたり、ハッタリをかましたり、執拗に同じことを繰り返したりして動揺を誘う場合もあります。これら、さまざまな手を使ってきても、一つひとつ敏感に反応していては相手方の思うツボですので、注意しましょう。

　基本的な応対要領としては、①まず、相手の住所、氏名、電話番号、要件を確認し、状況によって名刺を求める、②身分や要件を明らかにしない場合には、面談を断る、③面談を行う場合には、大人数で臨み、記録係、録音係といった分担を決めておくなどです。記録や録音に際しては「間違いがあってはいけないので」などを理由に相手に示すと効果的でしょう。なお、この際、湯茶の接待は不要です。

　これらの面談に際しては。相手方の指定する場所や、事務所には絶対に出向かないようにしましょう。

■■不当要求防止責任者制度も活用しよう

　飲食店営業や風俗営業など、暴力的要求や準暴力的要求といった不当要求が行われやすい事業所については、1事業所ごとに1人の**不当要求防止責任者**を設置することが推奨されています。

　また、暴力団対策法では、各都道府県の公安委員会が不当要求防止責任者に対して、不当要求への応対方法についての資料提供、助言、援助を事業者に行うよう定めており、さらに不当要求の被害防止措置を適正に実施させるよう講習を行うことが定められています。

この講習は、事業者から公安委員会に届出された選任者を対象に行う講習で、不当要求による被害を防止するために必要な法令、不当要求防止措置を適正に実施するために必要な知識・技術等についての研修を行うものです。

講習は、すべて無料で受けられますので、飲食店営業や風俗営業などを行う事業者は、なるべく不当要求防止責任者を選任し、各都道府県の公安委員会に届け出ましょう。講習受講後には事業所に掲示できる「受講修了書」や「不当要求防止責任者選任事業所」と記載されたプレートが交付されます。多くの暴力団関係者は、この修了書やプレートなどが掲示されている店舗自体を避ける傾向にあるので、これらを見やすい場所に掲示するだけでも大きな効果が見込めます。

なお、不当要求防止責任者の選任基準について、明確な決まりはありませんが、会社であれば総務部長や総務課長、個人事業主であれば、事業主本人を届け出ることが多いようです。

■ 宴会などの予約への対応

不当要求とは別に、暴力団と思われる団体から宴会などの予約が入った場合、どうしたらよいのでしょうか。

全国の都道府県は、暴力団排除条例を制定しており、「事業者は暴力団の活動を助長する利益供与をしてはならない」といった内容が定められています。暴力団に宴会会場や飲食物を提供することは、暴力団の活動を助長する利益供与に該当します。したがって、暴力団の名義で宴会の予約が入った場合には、飲食店は毅然とした態度で予約を断らなければなりません。

予約を受け付けた後に相手が暴力団であることが判明した場合は、その時点で予約を解約しなければなりません。ただし、身の安全を確保することも重要ですので、解約をする際には、一度警察の担当窓口に相談しておく方がよいでしょう。

【監修者紹介】
服部 真和（はっとり まさかず）

1979年生まれ。京都府出身、中央大学法学部卒業。京都府行政書士会所属（常任理事、企業法務部長）特定行政書士。服部行政法務事務所所長。経済産業省認定 経営革新等支援機関。総務省電子政府推進員。NPO法人京都カプスサポートセンター理事長。ギター弾きとITコーディネータの兼業という異色の経歴から、行政書士に転向する。ソフトウェアやコンテンツなどクリエイティブな側面における権利関係を適切に処理する契約書や諸規程の作成を得意とする。公的融資や補助金を活用した資金調達をはじめ、資金繰り・経営改善支援、その他許可申請などの行政手続きを通して企業活動のサポートを行っている。

監修書に『最新 建設業許可申請手続きマニュアル』『最新版 契約書・印紙税・消費税の知識』『ネットビジネス・通販サイト運営のための法律と書式サンプル集』『最新版 許認可手続きと申請書類の書き方』『最新版 契約のしくみと契約書作成の基本』『最新 ネットトラブルの法律知識とプロバイダへの削除依頼・開示請求の仕方』『ネットビジネス・通販サイト運営のための法律知識』『飲食業開業・許認可申請手続きマニュアル』（小社刊）がある。

服部行政法務事務所
http://www.gyoseihoumu.com/

事業者必携
フードビジネスのための
最新 飲食業の法律問題と実務マニュアル

2016年8月10日 第1刷発行

監修者	服部真和（はっとりまさかず）
発行者	前田俊秀
発行所	株式会社三修社
	〒150-0001 東京都渋谷区神宮前2-2-22
	TEL 03-3405-4511　FAX 03-3405-4522
	振替 00190-9-72758
	http://www.sanshusha.co.jp
	編集担当 北村英治
印刷・製本	萩原印刷株式会社

©2016 M. Hattori Printed in Japan
ISBN978-4-384-04688-5 C2032

R〈日本複製権センター委託出版物〉
本書を無断で複写複製（コピー）することは、著作権法上の例外を除き、禁じられています。本書をコピーされる場合は事前に日本複製権センター（JRRC）の許諾を受けてください。
JRRC（http://www.jrrc.or.jp　e-mail：jrrc_info@jrrc.or.jp　電話：03-3401-2382）